Toca los corazones

Poder para presentar tu fe

Por Dr. Ralph W. Neighbour, Jr.

OIK OS
Latino Ministries

Toca los corazones
Título en inglés: *Touching Hearts*
Publicado por TOUCH Publications

P.O. Box 7847, Houston, Texas 77270, U.S.A.

(800) 735 – 5865
Copyright © 2006 por Ralph W. Neighbour, Jr.

ISBN 1-880828-32-4
Traductor: Elizabeth Morris
ISBN 978-0-9962135-4-7
www.oikoslatino.org

1-844-44OIKOS
La versión bíblica usada en español es la Nueva Versión Internacional (*Bíblica*)

RECONOCIMIENTOS

- A G.P. Rockwell, quien a la edad de quince años me enseñó que un corazón con una carga es un corazón quebrantado, y que «los sistemas de venta» son un lamentable substituto de la auténtica cosecha que el Espíritu Santo dirige.

- A los muchos incrédulos con quienes he hablado que una y otra vez me han confirmado que ayudar a alguien a recibir a Cristo como Salvador y Señor requiere que antes de presentar el evangelio con palabras los creyentes lo vivan con su ejemplo.

- A R.C. Smith, por su presentación de Juan 3:16 y el diagrama que se usó para ese efecto.

- A ti, querido lector, por tu corazón hambriento y tu deseo de ser usado en los «campos blancos para la cosecha» que te rodean. A medida que salgas en pares de tu grupo celular a tocar corazones que están en la búsqueda, puedes estar seguro que el Señor te capacitará para tu tarea.

CONTENIDO

INTRODUCCIÓN

ACERCA DE ESTE LIBRO...

Este manual te prepara para llevar a Cristo a los incrédulos que están en tu *OI-KOS* (tu «círculo de influencia») y que están a la búsqueda. Harás esto al asociarte con otro miembro de tu grupo celular. Juntos guiarán a otros a aceptar a Cristo como Señor y nutrirse en el grupo celular.

La tarea principal de cada cristiano es llevar a otros al Reino de Dios. Esto hace que cada grupo celular se multiplique al aumentarase con nuevos creyentes. Puedes esperar que el Espíritu Santo que está dentro de ti te dé poder a medida que llevas tu fe.

Tocar corazones no se *enseña*, ¡se *capta*! Esto significa que necesitas obtener experiencia al trabajar con alguien que *ya* haya llevado a alguien a Cristo. ¿Tienes un compañero que haya experimentado el gozo de llevar a alguien a Cristo? Si es así, él o ella puede servir como tu «*Equipador*». Si este no es el caso, ustedes dos deben buscar la ayuda del líder de célula o del aprendiz de líder de célula para saber cómo llevar a cabo la tarea. ¡Pronto sentirás el gozo de la cosecha!

REPASO DE LOS MATERIALES

Primera parte

La primera parte de este manual está diseñada para prepararlos, tanto a ti como a tu compañero, mediante un *Seminario de Toca los corazones* para miembros de los grupos celulares.

Segunda parte

La segunda parte te provee las *Guías Diarias de Crecimiento*. Haz fielmente las tareas de los cinco días de las cinco semanas. Así reforzarás el aprendizaje obtenido en el Seminario. Cuando comiences a enseñar a otros, descubrirás que este material es de mucha ayuda porque es el resultado de otros que tienen años de experiencia tocando corazones. Te beneficiarás grandemente de la guía diaria devocional.

Tercera parte

La tercera parte es para utilizarla durante el tiempo de llevar la visión (*«Propósito de Cristo»*) a tu grupo celular. Cada semana cuéntale con transparencia al grupo lo que Dios está haciendo en tu ministerio con los incrédulos.

Versículos bíblicos para memorizar

Además de Juan 3:16, hay otros cuatro versículos bíblicos que te servirán de ayuda. Estos versículos están incluidos en la parte final de este material.

Tu mundo *oikos*

OIKOS: Mi comunidad personal

¿Quiénes son las personas que están en tu *OIKOS*?
Escribe los nombres debajo.
Marca la condición espiritual de cada uno.

Familiares:	Tipo A	Tipo B	Cristiano	No sé
1. José Rodríguez Jr	☑	☐	☐	☐
2. Anthony Rodríguez	☐	☒	☐	☐
3. _____	☐	☐	☐	☐
4. _____	☐	☐	☐	☐
5. _____	☐	☐	☐	☐

Amigos:	Tipo A	Tipo B	Cristiano	No sé
1. Cruz Santos	☐	☐	☒	☐
2. ~~George Reposado~~	☐	☐	☑	☐
3. _____	☐	☐	☐	☐
4. _____	☐	☐	☐	☐
5. _____	☐	☐	☐	☐

Vecinos (Personas que viven cerca de ti)

	Tipo A	Tipo B	Cristiano	No sé
1. _Minuo y Cetsig_	☒	☐	☒	☐
2. _____	☐	☐	☐	☐
3. _____	☐	☐	☐	☐
4. _____	☐	☐	☐	☐
5. _____	☐	☐	☐	☐

Compañeros (de trabajo o estudio)

	Tipo A	Tipo B	Cristiano	No sé
1. _Georce Reynoso_	☒	☐	☐	☐
2. _Georc Simé_	☒	☐	☐	☐
3. _Titania Reynoso_	☒	☐	☐	☐
4. _____	☐	☐	☐	☐
5. _____	☐	☐	☐	☐

CONVERSEMOS...

¿Cuántos incrédulos «Tipo A» hay en los *OIKOS* tuyo y de tu compañero/a? _____

¿Quién encaja en estas categorías? Escribe sus nombres, junto a las diferentes etapas, en la columna de la izquierda.

¡Como un *Oikónomos* tú debes evaluar el proceso de la decisión espiritual!

Los incrédulos «Tipo A» que tienes en la lista están en una de estas etapas en su camino a Cristo:

ETAPA	CARACTERÍSTICA
1	Listo para orar aceptando a Cristo. No sabe cómo hacerlo. Necesita ayuda.
2	Ha recorrido un largo camino. Necesita que lo desafíen para tomar una decisión.
3	Listo para encontrarse contigo para unas pocas sesiones y aprender qué dice la Biblia acerca de la salvación.
4	Consciente de sus necesidades personales. Todavía no ha aceptado la necesidad de llegar a ser cristiano.
5	Actitud positiva hacia el evangelio. Respeta tu fe. No ha considerado seguirte en el Reino.
6	Aprecia tu amistad. Habla con libertad acerca de asuntos de interés común.

CONVERSEMOS...

Enumera a todas personas «Tipo A» que conocen tú y tu compañero/a

Nombres de amigos «Tipo A»

1. _____
2. _____
3. _____
4. _____
5. _____
6. _____
7. _____
8. _____
9. _____
10. _____
11. _____

🖵 Informe de nuestros encuentros

(APUNTA LA SUMA DE PERSONAS QUE RESULTA DE CADA CATEGORÍA QUE ESTÁ EN SU OIKOS)

1. Total de personas tomando este curso: _____

2. Total de incrédulos «Tipo A»: _____

3. Total de incrédulos «Tipo B»: _____

4. Total de cristianos: _____

5. Total de una condición espiritual desconocida: _____

Conclusión: las personas tomando este curso están en contacto
con un total de incrédulos «Tipo A»: _____

1. Tu mundo OIKOS

OIKOS es una palabra del Nuevo Testamento que describe tu red de relaciones. La mayoría de nosotros tenemos de 8 a 12 personas con las que nos relacionamos todas las semanas.

Espiritualmente, los incrédulos de nuestros *OIKOS* son de las cinco categorías que se ven en esta pirámide:

Presentamos esta información en forma de pirámide para recordarte que en el mundo hay muchas más personas en los niveles bajos que en los altos. Cada incrédulo que encontramos se puede clasificar en una de las secciones de la pirámide.

Incrédulos «Tipo A»
Personas «como nosotros», fácilmente alcanzables

1. Están dispuestos a asistir a la celebración o a una reunión especial del grupo celular
2. Ya creen en Dios, aceptan la Biblia, comprenden que Jesús es el Hijo de Dios y tienen cierta conciencia de hechos bíblicos (como la muerte de Cristo en la cruz)
3. Puede que ya sean miembros de alguna iglesia, pero están inactivos, tal vez han pasado años así
4. Están buscando algo
5. Es posible que no tengan todas «las piezas del rompecabezas» en su lugar en cuanto al conocimiento cristiano
6. El estudio bíblico o la explicación del plan de salvación son las actividades apropiadas para realizar con ellos

Incrédulos «Tipo B»
Personas no alcanzadas, es necesario cultivarlas

1. No tienen interés en la fe cristiana.
2. Tal vez no creen en Dios, no aceptan la Biblia, no comprenden que Jesús es el Hijo de Dios y tienen poca conciencia de las Escrituras.
3. No son miembros de iglesia alguna.
4. No están buscando el propósito del Señor para sus vidas, y no tienen intención de participar en las actividades de la iglesia.
5. Tienen pocas «piezas del rompecabezas» en su lugar en cuanto al conocimiento cristiano.
6. El estudio bíblico o los comentarios acerca del plan de salvación no son actividades apropiadas para comenzar con ellos. Primero debe haber un tiempo para desarrollar las relaciones, exponiéndolos a la realidad del Cristo vivo en nuestras vidas.

Tú y tu compañero/a pasarán las próximas semanas aprendiendo cómo alcanzar a incrédulos «Tipo A». Después se te mostrará cómo auspiciar «Grupos de interés» para alcanzar a los incrédulos «Tipo B».

2. El «hombre de paz» (Lucas 10:1-7)

1. Primer paso: «¡Vayan!»
2. Segundo paso: Preséntese a todos los miembros de su *OIKOS*.
3. Tercer paso: Ofrezcan su paz (Cristo) a todos.
4. Cuarto paso: Una vez que el «hombre de paz» haya aceptado a Cristo, permanezcan allí. Esto iniciará una cadena de reacción en el *OIKOS*.

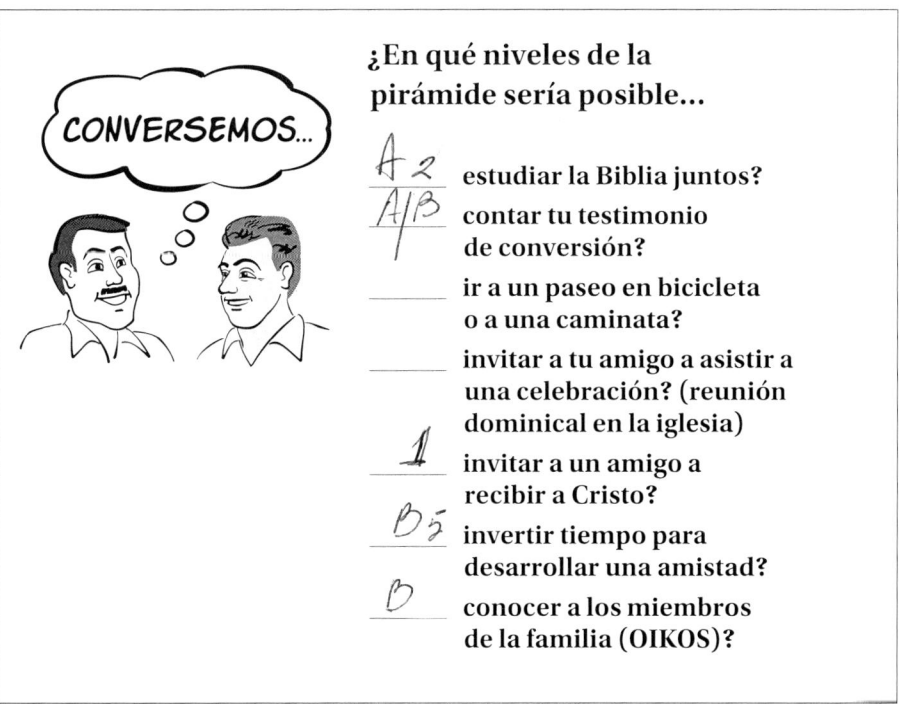

CONVERSEMOS...

¿En qué niveles de la pirámide sería posible...

A 2   **estudiar la Biblia juntos?**

A/B   **contar tu testimonio de conversión?**

_____ **ir a un paseo en bicicleta o a una caminata?**

_____ **invitar a tu amigo a asistir a una celebración? (reunión dominical en la iglesia)**

1   **invitar a un amigo a recibir a Cristo?**

B 5   **invertir tiempo para desarrollar una amistad?**

B   **conocer a los miembros de la familia (OIKOS)?**

Lucas 10:1-9 nos dice cómo encontrar personas «Tipo A» que no estén en nuestro OIKOS:

[1] *Después de esto, el Señor escogió a otros setenta y dos para enviarlos **de dos en dos** delante de él a todo pueblo y lugar adonde él pensaba ir.*

Fueron enviados en pares (de dos en dos)

Dios los comisionó

[2] *Es abundante la cosecha —les dijo—, pero son pocos los obreros. Pídanle, por tanto, al Señor de la cosecha que **mande** obreros a su campo.*

Dependían de la protección del Pastor

[3] *¡Vayan ustedes! Miren que los envío **como corderos en medio de lobos.***

Su trabajo requería concentración total

[4] *No lleven monedero ni bolsa ni sandalias; **ni se detengan a saludar a nadie por el camino.***

Debían relacionarse con los de un hogar OIKOS

[5] *Cuando entren en una **casa,** digan primero: «Paz a esta casa»*

Debían buscar al «hombre de paz»

[6] *Si hay allí **alguien digno de paz** [OIKOS], gozará de ella; y si no, la bendición no se cumplirá.*

Debían permanecer allí para una cosecha adicional

[7] ***Quédense en esa casa** [OIKOS], y coman y beban de lo que ellos tengan, porque el trabajador tiene derecho a su sueldo.*

Debían permanecer con los sensibles

[8] *Cuando entren en un pueblo y los reciban, **coman lo que les sirvan.***

Debían relacionarse constantemente con la gente

[9] ***Sanen a los enfermos** que encuentren allí y díganles:*
*«**El reino de Dios ya está cerca de ustedes**»*

Debían manifestar el poder de Dios

Debían declarar el Reino de Dios

CONVERSEMOS...

Piensa en un *OIKOS* que tú sepas que ya tuvo una cadena de conversiones:

Tu lista:

Nombre del primer creyente: _____

Nombres de otros que lo siguieron:

_____

_____

_____

_____

Lista de tu compañero:

Nombre del primer creyente: _____

Nombres de otros que lo siguieron:

_____

_____

_____

_____

CUANDO CONCLUYAS, ESCRIBE EN TU
CUADERNILLO LOS NOMBRES DE AQUELLOS
QUE ESTÁN EN LA LISTA DE TU COMPAÑERO.

3. Cuenta tu testimonio

¿Quién o qué motivó tu entrega a Cristo?

¡El testimonio de un amigo o pariente fue lo que
alcanzó a la mayoría de los creyentes!

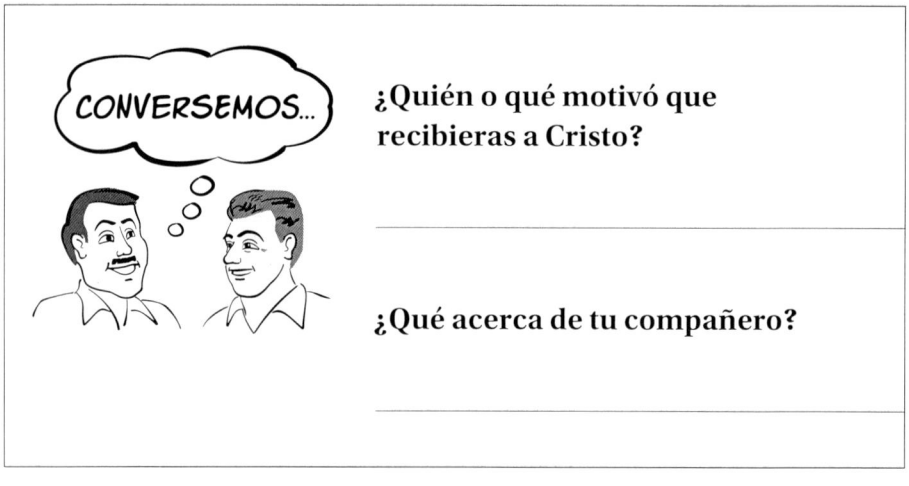

¿Te acuerdas de tu primer amor?

¿Acaso tuviste que tomar un curso para expresarle amor a una persona? Cal Thomas escribe: «Algunas clases de evangelismo pueden ser muy buenas, pero yo nunca he tomado una. No puedo permanecer en silencio acerca de Cristo. Lo amo. Yo tendría que tomar clases para **no** hablar de Él ni demostrar Su amor. Aquellos que de verdad lo aman no pueden permanecer en silencio».

Tu testimonio debe incluir dos aspectos:

A. Sucesos previos a tu conversión

B. Situaciones *desde* tu conversión que te mostraron Su amor y protección

A. Sucesos previos a tu conversión

A continuación tenemos el ejemplo del testimonio de Pablo que relata los hechos previos a su conversión. En la página 16 hay un bosquejo para que lo uses al preparar un informe de los hechos previos a tu conversión.

Testimonio de Pablo (Tomado de Hechos 20 y 22)

Mi vida antes de llegar a ser cristiano fue así:

Yo soy judío, nacido en Tarso de Cilicia, pero criado en esta ciudad. Bajo la tutela de Gamaliel recibí instrucción cabal en la ley de nuestros antepasados, y fui tan celoso de Dios como cualquiera de ustedes lo es hoy día. Perseguí a muerte a los seguidores de este Camino, arrestando y echando en la cárcel a hombres y mujeres por igual, y así lo pueden atestiguar el sumo sacerdote y todo el Consejo de ancianos. Incluso obtuve de parte de ellos cartas de extradición para nuestros hermanos judíos en Damasco, y fui allá con el fin de traer presos a Jerusalén a los que encontrara, para que fueran castigados.

Así fue como reconocí mi necesidad de seguir a Jesús:

Sucedió que a eso del mediodía, cuando me acercaba a Damasco, una intensa luz del cielo relampagueó de repente a mi alrededor. Caí al suelo y oí una voz que me decía: «Saulo, Saulo, ¿por qué me persigues?» «¿Quién eres, Señor?», pregunté. «Yo soy Jesús de Nazaret, a quien tú persigues», me contestó él. Los que me acompañaban vieron la luz, pero no percibieron la voz del que me hablaba.

Estos son los detalles de cómo acepté a Cristo:

«¿Qué debo hacer, Señor?», le pregunté. «Levántate —dijo el Señor—, y entra en Damasco. Allí se te dirá todo lo que se ha dispuesto que hagas.» Mis compañeros me llevaron de la mano hasta Damasco porque el resplandor de aquella luz me había dejado ciego. Vino a verme un tal Ananías, hombre devoto que observaba la ley y a quien respetaban mucho los judíos que allí vivían. Se puso a mi lado y me dijo: «Hermano Saulo, ¡recibe la vista!» Y en aquel mismo instante recobré la vista y pude verlo.

Esto es lo que para mí significa ser cristiano:

«Considero que mi vida carece de valor para mí mismo, con tal de que termine mi carrera y lleve a cabo el servicio que me ha encomendado el Señor Jesús, que es el de dar testimonio del evangelio de la gracia de Dios».

¡Ahora es *tu* turno! Es posible que tu conversión no haya sido tan dramática como la de Pablo. Como los copos de nieve, no hay dos testimonios que sean iguales. Eso es lo que los hace especiales. El llamado de Dios es algo muy personal.

Al prepararte para tu testimonio, selecciona una de las personas «Tipo A» de la página 9 e imagina cómo habrás de contar tu historia a esa persona.

Mi vida antes de llegar a ser cristiano era así:

_____

_____

_____

_____

_____

Así fue como reconocí que necesitaba seguir a Jesús:

_____

_____

_____

_____

_____

Estos son los detalles de cómo acepté a Cristo:

_____

_____

_____

_____

_____

Esto es lo que para mí significa ser cristiano:

_____

_____

_____

_____

_____

Termina preguntando: «¿Te ha sucedido esto alguna vez?»

CONVERSEMOS...

Cuéntense su historia el uno al otro

Primera ronda: Pueden usar las notas

Segunda ronda: ¡No usen notas!

B. Situaciones desde tu conversión que te han mostrado Su amor y protección

¿Está Satanás susurrándote a tu oído: «No eres digno de hablarle a los incrédulos acerca del Señor. ¡Mira en qué clase de enredo está tu vida!»? ¡Dile que se vaya! Él es el acusador, y tú eres su blanco.

Cuando te convertiste en cristiano, Jesucristo vino a vivir en ti. Él es tu *única* justicia. Tú nunca, nunca tendrás una justicia de la cual presumir. Por lo tanto, contar *tu* historia es contar *Su* historia: el informe de lo que Él ha hecho en ti y por ti.

Tienes muchas historias que puedes contar a los incrédulos «Tipo A»: ocasiones en que supiste que Él era suficiente para las situaciones que enfrentabas.

Reflexiona en la lista que está debajo. ¿Has enfrentado alguno de estos asuntos? ¿Fue Él suficiente para ti en ese momento? ¡Entonces estos sucesos son parte de tu historia! Marca aquellos que tocaron tu vida en forma directa o indirecta.

☐ Muerte de un familiar
☐ Separación matrimonial
☐ Daños físicos
☐ Matrimonio
☐ Embarazo
☐ Cúmulo de deudas
☐ Cambio de residencia
☐ Cambios en la escuela
☐ Malas calificaciones en el estudio
☐ Conflictos familiares
☐ Pensamientos suicidas
☐ Cambios en los hábitos del sueño
☐ Cambio en los hábitos alimenticios
☐ Cambio en las finanzas
☐ Vacaciones
☐ Ruptura con novio/a
☐ Culpa por actividades del pasado
☐ Nacimiento de un niño/a
☐ Estrés en el trabajo/escuela
☐ Conclusión de los estudios
☐ Entrar al servicio militar
☐ Dejar el servicio militar
☐ Cambio en la cantidad de reuniones familiares
☐ Cambio en las actividades de la iglesia
☐ Enamorarse

☐ Divorcio
☐ Tiempo en la cárcel
☐ Enfermedad grave
☐ Despido del trabajo
☐ Problemas sexuales
☐ Cambio en las actividades sociales
☐ Accidente automovilístico
☐ Cambio de empleo
☐ Problemas con el jefe
☐ Problemas con los suegros
☐ Hijo/a que deja la casa
☐ Retiro/jubilación
☐ Hipoteca o préstamo
☐ Muerte de un amigo íntimo
☐ Cáncer
☐ Ataque al corazón
☐ Estrés por la época de fiestas
☐ Aborto
☐ Ascenso en el trabajo
☐ Rechazo por parte de la familia
☐ Decisión de dejar el hogar
☐ Cambio de vocación
☐ Cambios en la recreación
☐ _____
☐ _____

Muchos de los sucesos en tu vida son similares a los de las vidas de los incrédulos. Al contar cómo Cristo llenó tu necesidad en esas mismas situaciones, presentarás un maravilloso informe del cuidado de Dios. Tal vez esto te lleve a orar por una situación que el incrédulo esté enfrentando.

Cuéntale a tu compañero algún ejemplo de cómo Cristo llenó una necesidad especial en tu vida:

_____

_____

_____

_____

4. Explicación de Juan 3:16, PARTE 1

(1) Compromiso

Al presentar tu testimonio, el Espíritu de Cristo que está en ti te dejará saber cuándo «el hombre de paz» estará listo para considerar el mensaje del amor de Cristo. _¡Sé audaz! ¡Sé valiente! ¡El Señor tu Dios está en ti!_ Él te usará para guiar a esta persona a aceptarlo.

Si nunca has ayudado a alguien a aceptar a Cristo, es importante que escuches de otro cómo te sentirás la primera vez que eso suceda. Considera estos casos:

Historia de casos (toma notas)

_____

_____

_____

_____

_____

_____

_____

_____

_____

_____

INSTRUCCIONES: Escribe encima del diagrama a medida que recibes la explicación.

DIOS / HOMBRE

VIDA

JUAN 3:16

MUERTE

PECADO

JESÚS

PROBAR OTRAS RELIGIONES

BUENAS OBRAS

IR A LA IGLESIA

HOMBRE

NSTRUCCIONES: Escribe encima del diagrama a medida que recibes la explicación.

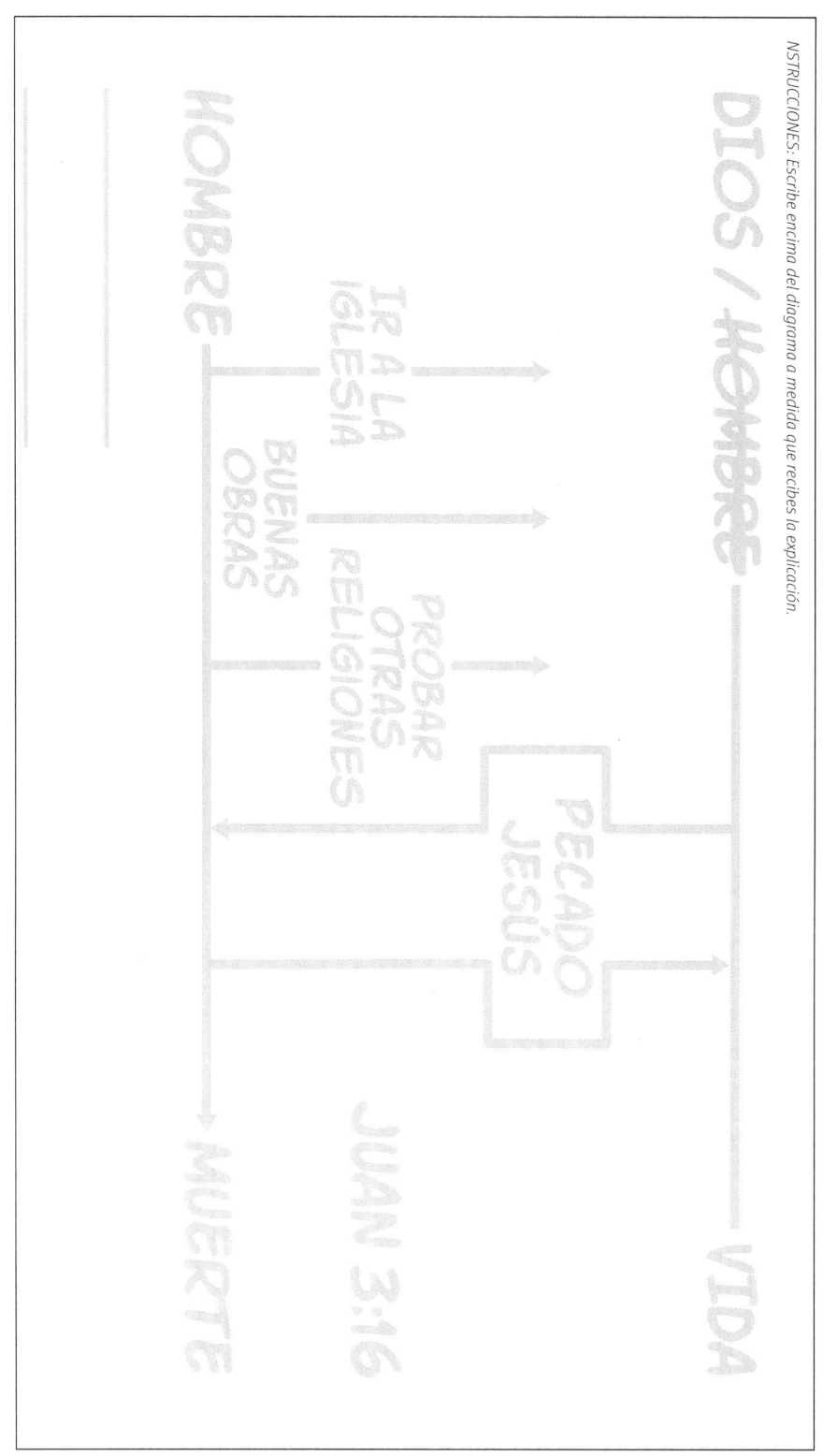

Práctica, página 4

Hablar con «el hombre de paz»

Despréndete de las viejas ideas

Visitar a un incrédulo «Tipo A», representa haber llegado a un campo listo para la cosecha. ¡Nunca pierdas la oportunidad de ayudar a una persona a pasar de muerte a vida!

Durante los últimos 50 años a muchas iglesias se les ha enseñado a ganar gente para Cristo de una manera muy distinta a la que estamos tratando aquí. En ese viejo modelo, el cristiano es el que hablaba y el buscador no hacía más que escuchar. Todo el modelo asumía que el cristiano y el incrédulo no se conocían el uno al otro, con poca o ninguna relación previa o posterior al encuentro.

A los incrédulos se les hacía una pregunta de apertura acerca de su relación con Jesucristo. Por lo general, esa pregunta estaba relacionada con la vida *después de la muerte*, pero no era acerca de la diferencia que hace *hoy* el hacerse un creyente. Cuando la persona no daba una respuesta satisfactoria, se hacía una presentación previamente memorizada con casi ninguna interacción. Si la persona oraba para recibir a Cristo, el testigo se iba a la casa siguiente. En el pasado, esta forma de alcance parecía apropiada porque muchos cristianos no lograban comprender la naturaleza relacional de la iglesia de Cristo. Muy a menudo el evangelismo era un programa impersonal de una iglesia impersonal.

Como resultado, el mundo eclesiástico se llenó de folletos y cursos de evangelismo que alentaban a dos desconocidos a discutir el plan de Dios para la salvación sin siquiera molestarse en conocerse el uno al otro.

Debemos entender que la iglesia no es una institución impersonal. Es el Cuerpo de Cristo, Su familia, llegando al mundo. Las relaciones sensibles de amistades que reflejan amor logran un alcance eficiente que hacen que Jesús sea real para los incrédulos. No te animamos a ser un «vendedor» del evangelio que sencillamente transmite información a alguien que está «comprando» tu producto. En lugar de esto debemos entender que el evangelio verdadero es siempre un evangelio *relacional*. (Esa es la razón por la cual el Padre envió a Su Hijo a la tierra.) Nuestra tarea no es lograr que otros estén de acuerdo en que cuatro o cinco ideas son correctas, hagan una brcvc oración y lucgo vayan al ciclo cuando mucran.

¡No! Nuestra tarea es llevar al incrédulo a una doble relación. La primera es con el Cristo que vive en nosotros y la segunda relación es con el Cuerpo de Cristo, un grupo celular. *Ser un cristiano es más que una preparación para la eternidad, ¡es una mejor manera de vivir ahora!* Hoy el mundo cristiano sufre por causa de millones de cristianos inconexos que son como partes desmembradas de un cuerpo humano que no puede funcionar porque no están relacionados con las otras «partes del cuerpo». No reciben su «salvación» hasta que esas personas mueren. ¡Eso no era lo que Cristo quería!

Somos salvos eternamente cuando vamos a la cruz e intercambiamos nuestra vida pecaminosa por la vida expiatoria de Cristo. Después de esto, de inmediato entraremos a una salvación continua en la que somos hechos libres de la esclavitud del pecado en la vida presente. Esto requiere una doble relación que se establece en el Calvario: una con Cristo y la otra con los otros miembros de Su cuerpo.

Leamos 1 Corintios 14:24-25. En este pasaje vemos que en la iglesia primitiva fue donde primero se estableció esta relación entre creyentes e incrédulos:

> *«Pero si uno que no cree o uno que no entiende entra cuando todos están profetizando, se sentirá reprendido y juzgado por todos, y los secretos de su corazón quedarán al descubierto. Así que se postrará ante Dios y lo adorará, exclamando: «¡Realmente Dios está entre ustedes!»»*

La presencia de Cristo era tan poderosa que los incrédulos desarrollaron un deseo profundo de ser parte de la comunidad cristiana. 1 Corintios 7:14 indica que esas relaciones «santificaban» o «hacían santo» al cónyuge no salvo. La presencia del Espíritu Santo en las vidas de los miembros del grupo celular los llevó a invocar al Señor.

¿**Cuáles son las características de alguien llamado un «hombre de paz» en Lucas 10:6?** *(Marca las respuestas que consideres verdaderas.)*

CONVERSEMOS...

☐ Una expresión de aburrimiento cuando se menciona a Cristo

☐ Un deseo de contar problemas personales

☐ Dispuesto a escuchar a medida que tú hablas

☐ Dispuesto a hacer cosas contigo

☐ Está tan ocupado que no tiene tiempo para ti

☐ Un interés entusiasta en lo que enseña la Biblia

☐ Dispuesto a participar de una actividad que tu grupo celular organizó

☐ Profundamente conmovido por la vida de oración de tu grupo celular

☐ Cinismo en cuanto a si Dios existe o no

☐ Preocupado por las ambiciones personales

☐ Muy influido por una familia anti-cristiana

¿**Cuál de estos comentarios podrías usar para explorar la sensibilidad de un incrédulo?** *(Marca tus elecciones.)*

☐ «¿Has pensado últimamente en los asuntos espirituales?»

☐ «Hablemos de Jesús por un momento. ¿Me dirías lo que sabes y lo que te gustaría saber acerca de Él?»

☐ Ambos

☐ Ninguno

Estos son momentos apropiados para contar cómo llegar a ser cristiano...

- Cuando el Espíritu Santo se une a ustedes y la persona desea hablar acerca de Jesús y Su muerte en la cruz por nosotros.
- Cuando la relación de ustedes llega al punto de estar unidos como verdaderos amigos.
- Cuando reconoces que a pesar de los comentarios acerca de una experiencia previa, en realidad la persona no comprende lo que significa ser un verdadero cristiano y necesita a Cristo en su vida.

Resumen:

1. ANTES DE PRESENTAR A CRISTO, FORMA UNA RELACIÓN DE CONFIANZA. Tu presentación debe basarse en la confianza y respeto mutuos.

2. EXPLORA EL INTERÉS
   - «¿Has pensado últimamente en los asuntos espirituales?»
   - «Hablemos de Jesús por un momento. ¿Me contarías lo que sabes acerca de Él y lo que te gustaría saber acerca de Él?»
   - «¿Te preguntaste alguna vez por qué existimos?»

3. OBSERVACIONES INTRODUCTORIAS
   - «Yo, al igual que tú, también he estado considerando el sentido de la vida. Entonces me encontré un pequeño diagrama que me ayudó a hallar algunas respuestas que cambiaron mi vida. ¿Me permitirías dibujártelo?»
   - *Antes de comenzar pónganse de acuerdo con la cantidad de tiempo que tendrían disponible.*
   - «¿Podría tomar 15 minutos de tu tiempo?»

📺 Repaso de la presentación del video

A. Cómo recoger la red

1. Pregunta: «¿Alguna vez llegaste a una encrucijada e hiciste una decisión deliberada de seguir la senda de Jesús a Dios?» «¿Te gustaría tomar esta decisión ahora?»

2. Tres respuestas:

   A. «SÍ»

      1. Haz tres preguntas:
         a. «¿Reconoces que eres un/a pecador/a?»
         b. «¿Admites que tu pecado te separa de Dios?»
         c. «¿Deseas alejarte de tu pecado? Es decir, ¿anhelas rendir el control de tu vida a Jesucristo?»

      2. Di: «Yo no puedo llevarte más allá de este punto. Tomar la decisión de seguir a Cristo es algo muy personal. Con tu permiso, voy a elevar una oración y luego dejaré que tú te encuentres con el Señor y le pidas personalmente que se convierta en tu Salvador y Rey».

      3. Ora: «Señor Jesús, te doy gracias por el privilegio que he tenido de hablar acerca de tu amor con _____. Ahora, déjame quitarme de en medio para permitir que él/ella hable directamente contigo».

4. Con tu cabeza inclinada, di: «Te he llevado tan lejos como puedo. Ahora te corresponde a ti solo dar el paso final hacia Jesús. Déjame ser un oyente a medida que vas hacia Él. Pídele que te perdone por tus pecados y que ocupe Su lugar como el Dios de tu vida. Pídele que se vuelva tu Salvador y Señor».

5. Escucha a medida que tu amigo ora. Puede que tengas que ayudarle con palabras. Si debes orar para que la persona repita la oración después de ti, asegúrate que esas palabras surjan del corazón y no solo de los labios. Si tú provees las palabras de la oración, finaliza la misma y luego pídele a la persona que hable directamente con Jesús sin tu ayuda y que le agradezca el venir a su vida.

6. Ayuda a la persona a testificar. Pregúntale: «¿Quién es tu amigo más cercano, la persona con quien más te relacionas?» (Deja que mencione el nombre.) Pregunta: «¿Me permitirías acompañarte para encontrarnos con tu amigo y mientras yo oro en silencio tú le cuentas la decisión que tomaste?»

7. *¡Muy, pero muy importante!* Entrégale a la persona un material de seguimiento. Para este propósito yo he escrito *Bienvenido a tu nueva vida*. Siempre lleva uno junto con tu Biblia para estar preparado para ese momento.

B. «NO».

1. Confirma la elección de la persona.
   a. Di: «Me parece que tú no sientes un fuerte llamado de Dios para recibir a Cristo como tu Señor, ¿verdad?» Deja que la persona responda. Luego ora: «Señor Jesús, reconozco que llegar a ser Tu hijo no comienza con lo que deseamos, sino con tu llamado a seguirte. Presiento que en este momento mi amigo no está oyendo tu llamado. Te pido que protejas lo que he hablado con él para que Satanás no robe la buena semilla que he plantado en estos últimos minutos. Ayuda a mi amigo a recordar lo que le he dicho y dale un fuerte deseo de llegar a ser Tu hijo/a».
   b. Ve a «MI LISTA DE ORACIÓN» en la parte de atrás de tu Biblia. Provee un lapicero para firmar la última página.
   c. Di: «Yo dedico un tiempo diario a orar por aquellos con los que he hablado. ¿Escribirías, por favor, tu nombre en mi lista de oración?»
   d. Expresa tu aprecio por el tiempo que tu amigo te dedicó para oír del amor de Dios. Promete orar para que el Señor sea muy real para él/ella.

C. «NO ESTOY PREPARADO»

1. Establece el significado de esta declaración.
   a. Di: «Siento que hay un problema que te impide sentirte libre de aceptar a Cristo». Deja que la persona cuente su problema. Comprende y conversa sobre el problema. No presiones a la persona a tomar una decisión en ese momento a menos que el Espíritu Santo ponga en tu corazón un sentido de urgencia.
   b. Explica que hay una oración llamada «La oración del buscador». Abre tu Biblia en Hebreos 11:6 y permite que la persona lea este pasaje en voz alta: «*En realidad, sin fe es imposible agradar a Dios, ya que cualquiera que se acerca a Dios tiene que creer que él existe y que recompensa a quienes lo buscan*».

2. Sugiere a la persona que ore: «¿Puedo sugerirte que le digas al Señor que de verdad lo estás buscando y que te gustaría que Él te muestre el momento en que podrás aceptarle como tu Salvador y Señor?»

3. Pídele a la persona que firme «MI LISTA DE ORACIÓN» en la parte de atrás de tu Biblia. Promete orar constantemente por el momento en que la persona esté lista. Luego termina con una oración para que Dios bendiga a la persona.

D. EN TODOS LOS CASOS, entrega a la persona un sencillo material que él/ella pueda leer más tarde. El librito *Bienvenido a tu nueva vida* es un ejemplo de algo que puedes entregar. Será una forma de dejar en depósito lo que le has dicho a la persona. Aunque la persona no haya aceptado a Cristo, ¡hacer esto traerá fruto!

(Tomen seis minutos…)

Comenten uno al otro:

1. Cualquier experiencia previa que hayan tenido al hablar de Cristo con un incrédulo y cuál fue la respuesta cuando lo invitaron a recibir a Cristo.

2. Si alguno de los dos recibió a Cristo porque una persona estuvo orando por uno de ustedes, que trate de recordar cómo fue la invitación a orar. (*Si los dos se convirtieron por medio de una invitación en una reunión, omitan esto.*)

3. Si tienen tiempo, usen las páginas 26–28 para ensayar las respuestas que usarán si una persona dice «Sí», «No» o «No estoy preparado».

🖵 Repaso de la presentación por video

B. Cómo manejar las excusas

1. ¡No uses el «método ping pong»!
   A. Intercambiar respuestas acerca de las excusas es inútil, incluso si citas versículos bíblicos para probar tu postura. Citar la Biblia es muy importante si la persona está buscando respuestas, pero no ayuda mucho si ignora los verdaderos motivos detrás de las tácticas dilatorias de un incrédulo.
   B. Si una persona está evitando la necesidad de aceptar a Cristo, entiende que está resistiendo al Espíritu Santo. Discutir será contraproducente.

2. ¡No uses el «método de debate»!
   A. No puedes ganar a una persona para Cristo debatiendo temas. Aunque ganes el debate, ¡perderás a la persona!
   B. Es mejor sondear las razones detrás de la discusión.

3. ¡No discutas!
   A. Absténte de hacerlo, no importa lo que te digan.
   B. Hay una sola manera de manejar las excusas: *sondear el problema subyacente*. Buscar comprender lo que está debajo de la superficie.

C.Cinco principios de exploración

1. *Delibera, no debatas*
   Haz una pregunta en lugar de contestar una objeción

2. *Sé sensible, no traumático*
   Un espíritu de debate nunca acercará a una persona a Jesús. Ten un espíritu amable.

3. *Conversa, no confrontes*
   Juan 4:1-26 nos revela cómo manejaba Jesús las excusas con la mujer junto al pozo. Sigue su ejemplo.

4. *Respeta, no rechaces*
   Si tú haces que tu amigo se sienta inferior debido a que no es cristiano/a, harás mucho daño.

5. *¡Ama! ¡Ama! ¡Ama!*
   Juan 3:16 comienza diciendo «Porque tanto AMÓ Dios al mundo». Esta es la manera de ganar a otros: *¡Amar!*

(Tomen diez minutos...)

CONVERSEMOS...

Tomen turnos para representar *(juego de roles)* las diferentes posibles respuestas que puedes recibir cuando completas la presentación de Juan 3:16: «No», «Sí» y «No estoy preparado». En cada caso comienza diciendo:

«Te he llevado tan lejos como puedo. Ahora tú solo debes dar el paso final hacia Jesús. Déjame ser un oyente a medida que vas hacia Él. Pídele que te perdone tus pecados y que ocupe Su lugar como el Dios de tu vida. Pídele que se vuelva tu Salvador y Señor».

Tu ministerio debe estar acorde con la respuesta de tu compañero. (Asegúrate de haber preparado la última página de tu Biblia antes de comenzar con esta actividad.)

Cómo dirigir un estudio bíblico de investigación

1. Si la persona dice: «No comprendo lo suficiente como para hacer una decisión», responde diciendo: «Entiendo. Creo que tú consideras que esta es una importante decisión y merece mayor atención de tu parte antes de hacer un compromiso. He aprendido a presentar un breve estudio bíblico llamado *Manual para una vida exitosa* que se preparó específicamente para personas que deseen saber más. ¿Te gustaría que lo veamos juntos? Tiene 13 partes y podemos verlas a tu propio ritmo. Para mí sería un honor pasar un tiempo contigo hablando de esto un poco más. ¿Te interesa hacerlo?»

2. Si tu amigo está dispuesto a hacer esto, haz una cita para encontrarse y repasar las lecciones juntos. No pasen más de una hora juntos, quizá hasta se requieran períodos más cortos.

3. Para la primera reunión lleva contigo dos copias del *Manual para una vida exitosa*. Si tu amigo no tiene una Biblia, sería una muy buena idea obtener una y regalársela

4. Escoge un lugar privado donde puedas estar seguro que no habrán interrupciones. Apaga los celulares.

5. Conversen uno a uno. La única excusa para violar esta regla es que estén presentes el esposo y su esposa. Habrá mucha más transparencia si solo ustedes dos hacen esta serie.

6. Repasen la primera página. Explica la importancia de escribir las respuestas en el *Manual* para comprender mejor las verdades que se comentarán.

7. Asegúrate de dedicar un tiempo a repasar tú solo el estudio correspondiente antes de cada encuentro.

8. Haz que tu amigo busque y lea en voz alta los versículos bíblicos a medida que hablan.

9. No ignores las ilustraciones. Cada una de ellas aparece por una razón. La Biblia ofrece *información*, pero observa que cada dibujo trata sobre las actitudes o problemas personales. Pregunta: «¿Qué te dice esta caricatura?» O, «¿Te identificas con las ideas expresadas en esta ilustración?» Esto puede proveerte percepciones especiales acerca de necesidades.

10. Sobretodo, *¡ora, ora y ora!* Dios responderá tus oraciones a medida que la obra del Espíritu Santo quiebra los muros de resistencia durante los días que se reúnen.

11. La oraciones intercesoras y de guerra por esta persona se deben incluir en cada grupo celular durante el tiempo de presentar la visión o «Propósito de Cristo». Oren contra las fortalezas que Satanás ha puesto en esta vida para cegar la mente, cerrar los oídos y hacer que los ojos no vean el Reino.

12. Los que te han precedido en la realización de los estudios bíblicos de investigación han descubierto que no hay un patrón fijo para el tiempo en que una persona desee recibir a Cristo. ¡Debes estar listo! No pienses que la persona debe completar todo el estudio antes de estar dispuesta a aceptar al Salvador.

13. Trata de recordar con tu amigo el diagrama de Juan 3:16. Podrías preguntarle algo como: «¿Recuerdas lo que dijimos acerca de esta palabra/línea/flecha en el diagrama cuando lo vimos anteriormente?»

¡QUE DIOS TE UNJA PARA TU MINISTERIO!

¿Y adónde irás desde aquí?

1. Regresa a tu grupo celular. Tu líder de célula te pedirá que expliques el diagrama 3:16 a tu célula durante el tiempo de contar la visión («Propósito de Cristo»).

2. Ve con tu compañero a visitar cada incrédulo «TIPO A» que hayan puesto en la lista mientras estaban en el entrenamiento. Busca presentar Juan 3:16 con al menos cuatro personas durante las próximas dos semanas. Esto no solo completará tu entrenamiento con experiencias reales, sino que también reforzará lo que hayas aprendido.

3. Ora diariamente por aquellos que ya visitaste.

4. ¡Cuenta con que el Espíritu Santo ya te ha precedido!

5. Entrega a tu líder de célula cada uno de los dos informes provistos en este entrenamiento. Este será tu «Informe de Responsabilidad Mutua» a tu grupo celular.

6. Pide a otros miembros del grupo nombres de incrédulos «Tipo A» que conozcan. Pide que te los presenten en ocasiones sociales que organice un miembro del grupo celular en su OIKOS.

7. Siempre lleva en tu Biblia una copia de *Bienvenido a tu nueva vida*. ¡Debes estar preparado para un momento inesperado de cosecha!

8. Completa sistemáticamente las «Guías de crecimiento diario» que siguen a este libro.

9. Repasa el *Manual para una vida exitosa* hasta que te familiarices con este.

Sigue este calendario de cuenta regresiva

El material de *Toca los corazones* te provee cinco semanas de repaso que cubren todo lo que aprendiste en el *Taller Toca los Corazones*. Ya que este periodo de tu vida cristiana se designó para prepararte para un ministerio de toda la vida, es importante que tú no eludas el estudio de los materiales y el ministerio que tú debes realizar después de tu entrenamiento. Observa estas sugerencias:

1. Selecciona un tiempo y lugar específicos para repasar las *Guías Diarias de Crecimiento* en este libro. Trata de hacer una unidad cada semana. Se recomienda que formes una rutina para este estudio. Completa las Guías durante tu descanso para almorzar, o como tu primera actividad luego del desayuno, etc. Si ahora decides la hora de hacerlo, esto no se perderá en medio de los viejos hábitos de tu vida.

2. Tú y tu compañero deberán decidir ahora quién se volverá el «Equipador» durante las próximas cinco semanas. Si alguno de ustedes tiene más experiencia en relacionarse con los perdidos, es obvio cuál será la elección. Si no, uno de ustedes puede ser el voluntario que asuma este rol. Es algo como la relación de un Mentor-*discípulo*, pero ahora son «Socios». Uno de ustedes debe representar al equipo para informar semanalmente al líder del grupo celular.

3. Escojan el momento en que tú y tu compañero se encontrarán en privado durante unos pocos minutos a la semana para comentar los materiales. Ya lo han estado haciendo por algunas semanas y es probable que este patrón sea el mejor. O tal vez un mejor momento sea quince minutos antes de comenzar el encuentro con el grupo celular. Ustedes harán esto durante las próximas semanas. Como preparación para estos momentos de responsabilidad mutua, escribe tus pensamientos a medida que completas cada unidad.

4. Programen tú y tu compañero un tiempo específico semanal para relacionarse con incrédulos «Tipo A». La disponibilidad de esas personas será la que decida cuándo ustedes se encontrarán con ellas o ellos.

5. En este folleto encontrarás un formulario de informes (página 94). Haz cinco copias de este formulario. Tu líder de célula te los pedirá durante las próximas cinco semanas y discutirá contigo el progreso que estés experimentando.

6. También se te pedirá que le informes al grupo celular cuáles son las personas con quienes te estás relacionando. Esto se hará durante el tiempo de explicar la visión o «Propósito de Cristo» en las próximas cinco semanas. Esto te proporcionará muchos intercesores para tu ministerio.

7. Tu líder de célula también usará el tiempo de explicar la visión para repasar el diagrama de Juan 3:16 con todo el grupo celular. Se te pedirá que hagas una presentación completa a tu grupo en una de esas reuniones. Decide con tu líder de célula la fecha en que harás esta presentación.

8. Si tú y tu compañero no tienen relaciones adecuadas con incrédulos «Tipo A» con quienes trabajar, pídele a tu líder de célula que hable del tema con el resto del grupo.

9. Ustedes estarán en el proceso de cultivar incrédulos mientras que el grupo celular pase a una actividad de cosecha de toda la iglesia. Usa esta actividad para traerlos contigo. Ora, pidiendo que Dios los acerque a Él durante este momento especial.

10. Busca dirigir por lo menos un estudio bíblico de investigación usando el *Manual para una vida exitosa* durante las próximas semanas. ¡Es importante que tú obtengas experiencia en esto! Comenzar a obtener la capacidad de relacionarte con buscadores en profundidad es una parte vital del ministerio futuro que Dios te habrá de dar. Dios te guiará a la persona apropiada que esté abierta a dicho estudio. Asegúrate de repasar el material antes de cada sesión.

IMPORTANTE: De ahora en lo adelante siempre lleva contigo una copia de *Bienvenido a tu nueva vida*. Mantener la expectativa de Dios te dará un nuevo converso, y asegúrate de proporcionar este folleto a cada persona luego de explicarle Juan 3:16.

Introducción a las guías de crecimiento diario

Esta sección de tu material está diseñada para dar forma a los valores que necesitarás para alcanzar con eficiencia a los incrédulos «Tipo A». *Por favor, solo haz una Guía de Crecimiento Diario a la vez.* Saborea lo que lees, permite que los pensamientos se impregnen como una suave lluvia que satura la tierra. *Si abarrotas varias Guías de una sentada, llegarán a ser como una fuerte lluvia que recorre la superficie de la tierra sin hacer mucho.* Necesitarás apartar alrededor de diez minutos al día cada semana durante las próximas cinco semanas. Si quieres, puedes incorporar tu Guía de Crecimiento Diario a tu tiempo de tu «habitación de escuchar» (oraciones personales).

Cada Guía de Crecimiento comienza con un pasaje de las Escrituras para leer. Tal vez quieras subrayar estos versículos para que más tarde te ayuden a recordar su significado.

Este material es interactivo. Tú digieres un pensamiento y luego se te pide que pienses en su aplicación para tu vida. Lee con una pluma en tu mano, escribe todas las respuestas a medida que estudias. El trabajo vale la pena, retendrás 60% más al escribir tus respuestas que si solo pensaras acerca de estas. Y escribir tus respuestas es la única manera de estar seguro de haber aprendido los puntos esenciales. Vamos a probarlo:

La razón para escribir mi respuesta es estar seguro que sé los

p_____   e_____.

¡Bien! ¿Escribiste «puntos esenciales» en el espacio en blanco?

Si tienes alguna duda acerca de tu respuesta a las preguntas, marca el margen y coméntalo con tu compañero/a cuando se encuentren cada semana.

Aquellos de nosotros que escribimos y probamos este material hemos orado pidiendo que Jesucristo se convierta en una fuente de amor y compasión a medida que alcanzamos a los incrédulos. También es nuestra oración que desde ahora cosechemos por lo menos a un no creyente cada año. Ahora mismo tomemos algún tiempo antes de lanzar la primera Guía de Crecimiento Diario para pensar en esto.

«Por lo tanto, ve...»

Visitar a los incrédulos «Tipo A» es la manera en que tu grupo celular primero expresa: «¡Estamos interesados en ti!» ¡Tú nunca sabes qué gran drama saldrá a relucir al hacer tu primera visita! Encontrarás corazones que buscan encontrar paz mental. Encontrarás corazones quebrantados que están sangrando y necesitan que los arreglen. Encontrarás corazones hambrientos, ansiosos de encontrar una verdadera comunidad. Encontrarás corazones amorosos, listos a involucrarse en un estilo de vida de siervo de tu grupo celular.

Luego de hacer varias visitas un joven cristiano dijo: «Ver televisión es una pérdida de tiempo. Esto me ha hecho reconocer que hay un gran drama por todas partes, y el poder de Dios es siempre adecuado para satisfacer las necesidades que encaramos. Me alegro de haber aprendido cómo tocar las vidas de otras personas».

Jesús intentó que de manera continua nosotros ampliáramos nuestro círculo del ministerio. No hay una manera más poderosa de hacerlo que constantemente ponernos en contacto con nuevas personas. Vamos a meditar en algunos pasajes que nos ayudarán a reconocer la importancia de ponernos en contacto con los incrédulos

«Tipo A». Pregúntate si estos pasajes se refieren a ti, o solo a los cristianos que son «diferentes» a ti:

Jesús se acercó entonces a ellos y les dijo: —Se me ha dado toda autoridad en el cielo y en la tierra. Por tanto, vayan y hagan discípulos de todas las naciones, bautizándolos en el nombre del Padre y del Hijo y del Espíritu Santo, enseñándoles a obedecer todo lo que les he mandado a ustedes. Y les aseguro que estaré con ustedes siempre, hasta el fin del mundo. Mateo 28:18-20

¿Es este versículo una comisión universal o se aplica solo a los cristianos «especiales» que recibieron un llamado «especial»? *(Marca la caja apropiada.)*

☐ **Es universal. Jesús comisionó a todos los cristianos.**

☐ **No es universal ...se refiere a cristianos «especiales».**

¿Estás tú incluido en la comisión de Jesús?

☐ **Sí**

☐ **Inseguro**

Si tu respuesta es «inseguro», considera este pasaje:

Pero ustedes son linaje escogido, real sacerdocio, nación santa, pueblo que pertenece a Dios, para que proclamen las obras maravillosas de aquel que los llamó de las tinieblas a su luz admirable (1 Pedro 2:9).

¿Se refiere este versículo a cada creyente o solo a unos cuantos seleccionados?

☐ **Es universal. Si eres un creyente, estás incluido.**

☐ **No es universal. Se refiere a cristianos «especiales».**

¿Estás TÚ incluido en los que deben proclamar *«las obras maravillosas de aquel que los llamó»***?**

☐ **Sí. No hay dudas acerca de esto. ¡Yo estoy incluido!**

—Esto es lo que está escrito —les explicó—: que el Cristo padecerá y resucitará al tercer día, y en su nombre se predicarán el arrepentimiento y el perdón de pecados a todas las naciones, comenzando por Jerusalén. Ustedes son testigos de estas cosas. Ahora voy a enviarles lo que ha prometido mi Padre; pero ustedes quédense en la ciudad hasta que sean revestidos del poder de lo alto. Lucas 24:46-49

Este pasaje de las Escrituras nos da una tarea específica: *ser «testigos» del sufrimiento y resurrección de Cristo*, alguien que le dice al mundo que todos los hombres pueden recibir perdón si se alejan de su estilo de vida presente.

¿Cuál de las declaraciones debajo explica el significado de ser un «testigo»?

☐ **Decir algo que hayas experimentado personalmente.**

☐ **Decir una verdad que tú no has experimentado.**

Un testigo es «uno que muestra evidencias». Estás comunicando algo que experimentaste u observaste personalmente en la vida de otros que son cristianos.

Próximo, considera este pasaje acerca de la exclusividad de la verdad que debemos presentar:

En ningún otro hay salvación, porque no hay bajo el cielo otro nombre dado a los hombres mediante el cual podamos ser salvos (Hechos 4:12).

Si conoces personas que dicen: «Ya tengo una religión», ¿están ellos exentos de la clara enseñanza de este versículo?

☐ **Sí**

☐ **No**

Más adelante aprenderás que esta poderosa verdad está en el corazón de hablar a otros, pero no puedes persuadir a las personas a abandonar sus creencias presentes discutiendo con ellos o criticando su religión. Recuerda: las palabras amorosas atraen, las críticas repelen.

Tal vez te hayan dicho que Dios va por la raza humana seleccionando personas especiales para convertirlas en Sus hijos y que tú no puedes esperar que Él reciba a *todos* los incrédulos, aunque tengan el deseo de llegar a ser cristianos. Considera estos versículos:

Esto es bueno y agradable a Dios nuestro Salvador, pues él quiere que todos sean salvos y lleguen a conocer la verdad. Porque hay un solo Dios y un solo mediador entre Dios y los hombres, Jesucristo hombre, quien dio su vida como rescate por todos. Este testimonio Dios lo ha dado a su debido tiempo... 1 Timoteo 2:3-6

¿Qué límites pone este pasaje a la oferta de salvación de Cristo por medio de Su sangre derramada?

☐ **Está muy claro. Él no excluyó ni a una sola persona.**

☐ **Inseguro. Le pediré a mi compañero que comente esto conmigo.**

Es probable que tú hayas notado que muchos cristianos no parecen estar preocupados acerca de cosechar a los incrédulos «Tipo A». Es posible que muchos de ellos hayan sido seguidores de Jesús durante años sin traer otros a Él. ¿Te has preguntado por qué? A muchas generaciones del pueblo de Dios les han dicho que hay una vasta diferencia entre el «clérigo» y los «laicos». Se espera que solo los trabajadores cristianos profesionales sean los que ganen al perdido. Esta es una mentira de Satanás, y la iglesia celular la ha rechazado. La verdad es que tú, junto con todos los demás cristianos, son quienes cosechan. Ve, y haz discípulos. ¡Su poder está en *ti*!

Semana 1, día 1
Esta unidad: Nuestro mandato
Hoy: Ir «de dos en dos»

Lee Hechos 1:8

Una historia verídica...

Sammy era un tipo tímido. Se casó con Karen que también era tranquila y de suave hablar. Cuando comenzaron a asistir al grupo celular, estuvieron de acuerdo por adelantado en que ellos no volverían si se sentían incómodos entre los otros miembros.

Estuvieron satisfechos cuando reconocieron que no se esperaba que ellos actuaran como extrovertidos. Luego de un par de reuniones, ambos descubrieron que el Señor los estaba usando de maneras especiales. Karen sintió un profundo deseo de orar por una mujer en el grupo que sufría de depresión postparto. En su estilo característico, ella volcó su corazón por la nueva madre durante un tiempo de oración la una con la otra.

El «cambio radical» de Sammy llegó cuando él sintió que el Señor le daba una palabra especial del Salmo 62:2 para un hombre en el grupo que había perdido su trabajo. Durante esas primeras semanas en su grupo celular ellos descubrieron con regularidad que Cristo les estaba dando poder para el ministerio de maneras que eran perfectamente naturales para ellos.

El líder de su célula explicó que ellos estaban aprendiendo a ejercitar sus dones espirituales. Él los elogió por el crecimiento espiritual que estaban experimentando.

Cuando llegó el momento de aprender cómo testificar a los incrédulos «Tipo A», Sammy se sintió confiado y le dijo a Karen: «Dios nos hizo para ser como somos. El mismo poder del Espíritu de Dios que hemos experimentado en nuestro grupo celular fluirá por medio nuestro cuando visitemos a los incrédulos «Tipo A». Mientras permitamos que el poder de Cristo fluya por medio nuestro cuando visitemos, seremos eficientes».

> **Enumera tres veces en que el poder de Cristo te estimuló a ministrar a alguien más en tu grupo celular:**
>
> 1. _____
>
> 2. _____
>
> 3. _____
>
> **¿Puedes esperar que Él fluya a través tuyo y haga las mismas cosas cuando visites nuevas personas en sus hogares?**
>
> ☐ Obviamente, sí
>
> ☐ Insegura. Hablaré con mi compañero/a acerca de esto.

El patrón de «dos en dos»

Seis meses antes de morir, Jesús volvió su atención al distrito que se encuentra al este del río Jordán llamado Perea. Era un lugar abandonado, que obviaban los líderes religiosos de Sus días. Jesús describió a Perea como un lugar en donde las ovejas no tenían pastor. Él planeó tocarlos con Su amor. Para hacerlo, envió treinta y cinco equipos que lo representaran. Lo que les pidió que hicieran es exactamente lo mismo que tú y tu compañero/a estarán haciendo en las próximas semanas. Lee la comisión de Jesús para ellos:

> *Después de esto, el Señor escogió a otros setenta y dos para enviarlos de dos en dos delante de él a todo pueblo y lugar a donde él pensaba ir. «Es abundante la cosecha —les dijo—, pero son pocos los obreros. Pídanle, por tanto, al Señor de la cosecha que mande obreros a su campo. ¡Vayan ustedes! Miren que los envío como corderos en medio de lobos. No lleven monedero ni bolsa ni sandalias; ni se detengan a saludar a nadie por el camino.*
>
> *»Cuando entren en una casa, digan primero: «Paz a esta casa». Si hay allí alguien digno de paz, gozará de ella; y si no, la bendición no se cumplirá»* *(Lucas 10:1-6).*

¿Por qué crees que Jesús los envió en pares?

1. Como cristianos, sus relaciones mutuas debían ser únicas. Esto, por sí solo, sería un testigo poderoso para aquellos que conocieran en Perea.
2. Ellos usarían sus dones espirituales para edificarse unos a otros. Juntos manifestarían el poder de Dios fluyendo a través de ellos a medida que oraran por los enfermos, los heridos y los quebrantados de corazón.
3. Ellos serían capaces de tener una vida de oración en común mientras ofrecían su paz a quienes conocían, algunos responderían y otros los ridiculizarían.

¿Por qué crees que Jesús les dijo que ellos estaban indefensos por completo?

- Ellos tenían que recordar que Él era el Pastor, su única protección en contra de quienes los atacaran.

¿Por qué crees que Él les dijo que no llevaran carteras, bolsas o zapatos?

- Ellos no iban a solucionar problemas sociales con la asistencia pública. El poder de Cristo comenzaría con ellos, y con ellos se manifestaría la habilidad de Dios para cambiar situaciones imposibles.

Una historia verídica...

Samuel Raj es del sur de la India, un lugar lleno de villas hindúes donde nunca se ha predicado el evangelio. Cuando él llega a un pueblo por primera vez, visita cada una de las casas. Enseguida encuentra problemas serios, una persona muy enferma o tal vez un individuo sufriendo de opresión demoníaca. Él ayuna y ora hasta que el poder maravilloso de Cristo toca a esa persona y la sana. Los asombrados nativos de la villa se reúnen a su alrededor, pidiéndole saber más de Dios. Entonces Samuel les enseña, basándose en la Biblia, hasta que ellos entienden qué significa convertirse en cristianos. Él permanece allí hasta dejar establecida una nueva obra y luego sigue hasta hacer lo mismo en la próxima villa.

Ora: «Señor, ¡manifiéstate en mi espíritu con Tu Espíritu! Que mi corazón se quebrante con las cosas que quebrantan tu corazón».

Semana 1, día 2
Esta unidad: Nuestro mandato
Hoy: Descubrir «el hombre de paz»

Lee Lucas 10:1-9

¿Por qué crees que Jesús le dijo a quienes envió a entrar en pares a cada casa, que conocieran a cada persona y buscara a un «hombre de paz»?

(Marca todas las oraciones que consideres que contestan esta pregunta.)

☐ **El término «hombre de paz» significa literalmente «un hombre que está buscando paz».**

☐ **Es posible que la primera persona que se visite no responda, pero esta puede ser clave para encontrar una persona interesada en esa casa [oikos].**

☐ **Ambas respuestas son correctas.**

☐ **Ninguna de las respuestas es correcta.**

¡Busca al «hombre de paz»!

Tú y tu compañero/a no deben concentrarse solo en la persona «Tipo A» que vas a visitar. Busca conocer a cada persona en el contexto de su *oikos* o esfera de influencia. Todos tenemos círculos de relaciones. Necesitamos considerar a *cada* persona que conocemos como una que pueda estar buscando la paz del Señor.

Conocerás a muchos tipos de personas a medida que visites a los *oikos*. Mira la siguiente lista de descripciones. ¿A quién conoces que se ajuste a uno de estos tipos?

☐ **Incrédulos, buscando a Dios y significado en la vida.**

☐ **Incrédulos, que trajeron a unos amigos a un culto.**

☐ **Incrédulos curiosos, respondiendo a trocitos de información acerca de su caminar con Cristo.**

☐ **Cristianos, buscando una manera de seguir al Maestro, desilusionados con la vida de la iglesia tradicional, inactivos en una iglesia durante un largo tiempo.**

☐ **Cristianos en una profunda crisis sin tener quien les cuide.**

☐ **Cristianos, inactivos y faltos de motivación, posiblemente llenos de culpa o fortalezas, sintiéndose inadecuados.**

Esta lista es solo un comienzo. Hay muchas más posibilidades. ¿Puedes agregar dos más a la lista?

Estas son las instrucciones para hacer tu primera visita:

1. Busca conocer a todos en la casa, no solo a la persona que fuiste a visitar. ¡Esto incluye a los niños! El Señor tuvo algún propósito al enviarte a hacer esta visita. Ora, pidiendo que tú seas capaz de ser Su embajador/a para *todos* los que conozcas.

2. Sé un aprendiz. ¿Cuáles son los intereses de estos miembros de la familia? ¿Hay trofeos en la chimenea, certificados o premios en la pared? ¿Puedes discernir cuáles son sus sistemas de valores? ¿Hay antigüedades o tienen muebles muy sencillos? ¿La casa muestra señales de vida, o está impecablemente limpia?

3. Familiarícense unos con otros, dándose respuestas a las «Preguntas cuáqueros» a continuación:
   - ¿Dónde vivimos entre las edades 7 y 12 y cuántos hermanos y hermanas había en nuestras familias?
   - ¿Qué tipo de transporte usaban las familias en aquel entonces?
   - ¿A quién nos sentíamos más apegados en esos años?
   - ¿Cuándo llegó Dios a ser más que una palabra para nosotros? (Esto puede ser un tiempo natural para dar tu testimonio.)

4. Establece un lazo de amor y respeto. Al mismo tiempo, determina las necesidades o intereses especiales de la persona con quien estás hablando.

5. Encuentra un aspecto o necesidad mutua en tu vida o en las suyas que sirva como un punto de conexión, una razón natural para reunirse durante visitas más largas en el futuro cercano. De ser posible, pónganse de acuerdo para esa reunión.

6. Di: «¿Puedo contarte un poco acerca de mi peregrinaje espiritual?» En tres o cuatro minutos cuenta un poco acerca de tu crecimiento espiritual y lo que el Señor significa para ti. Entonces di: «Todos andamos en un peregrinaje espiritual, ¿te gustaría contarnos un poco acerca del tuyo?»

7. Si la persona está interesada, pide permiso para hablar del diagrama de Juan 3:16.

8. Si todavía no has establecido una fuerte relación con esta persona y crees que será prematuro ofrecerte para hablar del diagrama Juan 3:16, decide cómo invitar a esta persona o familia para una actividad que puedas hacer pronto con ellos.

9. ¿Qué te dice el Espíritu acerca de esta persona o familia? ¿Hay receptividad de las cosas espirituales, o sientes una frialdad o apatía en sus respuestas? Si alguien pareciera tener sed espiritual para un crecimiento espiritual, lo detectarás. Enfócate en contarle cosas más profundas a esta persona. Si no, escucharás excusas acerca de por qué no serán posible otras reuniones. No fuerces nada. «Presionarlos» para que hagan algo que no desean, creará una brecha penosa.

10. Algunos de los que visitas serán incrédulos que creen ser cristianos, aunque nunca hicieron un compromiso personal con Cristo. Tu primera visita no será la última. ¡Mantén abierta esta relación! Continúa cultivando esas amistades. Tu tarea principal es llevarlos al Señor Jesús. No los dejes con la impresión de que tú no eres más que un «vendedor del grupo celular».

11. Siempre concluye en oración. Intercede por todos los problemas que comentaron. Pide a Dios que bendiga a esta persona u hogar con Su presencia. Si hay algún aspecto especial de necesidad, ora pidiendo que el poder de Dios se manifieste al satisfacer esa necesidad. Después de ir, haz una lista de las necesidades que disciernas. Comienza a orar diariamente por este hogar, mantente en comunicación con ellos por teléfono para ver cómo le va a la persona o familia.
    Ora: *«Señor, háblame a medida que yo escucho a quienes se reúnen conmigo. Mezcla tu voz con la de ellos, y dame tus palabras para decírselas».*

Semana 1, día 3
Esta unidad: Nuestro mandato
Hoy: El poder de la intercesión

Lee Efesios 2:1-3; Mateo 21:21-22

Lo incrédulos «Tipo A» necesitan tus oraciones intercesoras por su salvación. Efesios 2:1-3 nos recuerda que Satanás les ha causado estar ciegos y sordos a la presencia del Señor. Ellos han

…seguido los caminos de su mundo y de las reglas del reino del aire, el espíritu que ahora está obrando en aquellos que son desobedientes.

Ellos son minusválidos espirituales. Viven en obscuridad. No tienen conciencia de los grandes deseos de Dios para llevarlos a una nueva vida. Son como ciegos caminando hacia el despeñadero, inconscientes de la destrucción ante ellos.

Las oraciones abren los corazones cerrados

Llevar incrédulos a Cristo no comienza al hablarles a ellos. Tu ministerio comienza con palabras a Dios de un corazón quebrantado por las fortalezas implantadas en sus vidas. Los incrédulos no pueden escuchar ni ver las verdades espirituales.

Mateo 21:21-22 nos da una nueva dimensión de su condición:

Si ustedes creen, recibirán todo lo que pidan en oración.

Orar por los perdidos es una parte vital de llevarlos a la fe. Cuando visites a los incrédulos «Tipo A», trata de saber las maneras en que están ciegos a la presencia de Dios.

Según tu lista, ¿cuántas de estas fortalezas existen en la vida de un incrédulo «Tipo A»?

☐ **Obsesionado con el trabajo.**

☐ **Preocupado con películas y libros sexuales.**

☐ **Adicto a las drogas, deportes o actividades placenteras.**

☐ **Lleno de desconfianza debido a experiencias pasadas.**

☐ **Airado en su interior porque alguien lo engañó.**

☐ **Profundamente inseguro acerca de llegar a ser pobre.**

☐ **Sentirse inútil, luchar con la obesidad, retraído.**

☐ **Hiperactivo, nunca hace una pausa para pensar de manera profunda.**

☐ _____

☐ _____

Crear una lista de oración describe las necesidades espirituales en la vida de cada incrédulo que tú deseas llevar a Jesús. Declara una guerra espiritual en contra de estas fortalezas, clamando a Dios por la liberación de la persona en esta esclavitud. Te encantará verlos responder a la voz de Dios.

Una historia verídica...

Chester y su esposa se reunieron con Ruth y conmigo para iniciar un nuevo grupo celular. Su esposa tenía un hermano que había perdido su licencia de conducir por manejar embriagado. Él estaba viviendo con una mujer mejicana que también era alcohólica y que tenía dos hijas. Ellos dos peleaban constantemente. Ella le advirtió que si él la trataba de abandonar, lo mataría.

Este hombre, disgustado con los pleitos constantes, terminó por irse del apartamento. La mujer se emborrachó fuertemente y vino a la tienda de piezas de repuesto para autos donde él trabajaba. Con un gato del auto comenzó por romper las vidrieras de la tienda, golpeó todos los estantes de mercancía y lo atacó a él. Le desgarró la camisa y con las uñas le arañó el pecho (el daño requirió 73 puntos). Necesitaron la intervención de cinco policías para ponerle las esposas y llevarla a la cárcel. El hombre volvió a mudarse con ella, temiendo todo lo que pudiera hacer.

Chester invitó a este hombre a asistir a nuestro grupo celular. ¡Él era un incrédulo «Tipo A»! Yo hice una cita para reunirme con él y almorzar al próximo día. Usé la parte de atrás de un mantelito individual de papel para hacerle un diagrama acerca de Juan 3:16. De inmediato él aceptó a Cristo como su Salvador.

Fue entonces que él pidió consejería acerca de la mujer con quien estaba viviendo. Le pedí que hiciera una lista de las fortalezas espirituales de ella. Estas incluían temores, inseguridad, abuso del alcohol, temperamento violento y golpizas pasadas que su esposo le dio en México. Oramos juntos, pidiendo que los poderes sobre ella se quebrantaran. Luego le sugerí que él la invitara a venir a nuestro grupo celular.

Me dijo: «No creo que ella *ni siquiera* considere venir». Le contesté: «Tú no estás considerando la guerra de oración por ella que ha comenzado. Tal vez te sorprenda».

Esa noche él le contó a ella la decisión que había tomado de seguir a Cristo y la invitó a visitar el grupo celular con él. Para su gran sorpresa, ella aceptó de inmediato.

Su primera visita con nosotros fue muy significativa. Enfocamos toda nuestra atención en ella, usando las preguntas cuáqueras. Antes de terminar la reunión ella se sintió libre para contarnos la vida tan horrenda que había vivido en Monterrey con un esposo violento, su huida a los Estados Unidos con sus dos hijas y sus temores interiores. Oramos pidiendo a Dios que le diera una nueva percepción de Su amor.

Al próximo día, cuando mi amigo regresó del trabajo, encontró sus maletas empacadas esperando por él en el exterior de la puerta. Su amiga le dijo: «Hoy fui a la iglesia y me hice cristiana. Quiero que vengas para que veas mi bautizo. Me uniré a tu grupo celular, pero ya no seguiremos durmiendo juntos. Quiero mostrarle a mis hijas cómo debe vivir una madre cristiana».

Por fe, escribe debajo una descripción de lo que crees que Dios podrá hacer en la vida de uno de tus amigos/as «Tipo A»:

_____

_____

_____

_____

Semana 1, día 4
Esta unidad: Nuestro mandato
Hoy: Me hice todo para todos

Lee 1 Corintios 9:19-22

Nuestra misión no es transmitir información a los incrédulos. Por el contrario, nuestro propósito es exponer a la persona al Cristo que vive en nosotros. Estamos buscando traer a otros a una relación con el Cristo viviente y no podemos hacerlo si no estamos dispuestos, como Pablo, a hacernos «todo para todos».

Cada incrédulo vive en un universo privado hecho de trabajo, amistades, familia e intereses. Nosotros necesitamos entrar en ese universo, llegar a participar en este. Pablo escribió:

Me hice todo para todos, a fin de salvar a algunos por todos los medios posibles.

Tu relación con los incrédulos «Tipo A» debe comenzar por aprender en qué están interesados y entrar en sus intereses.

Una historia verídica...

Cuando yo era un niño, mi dormitorio estaba al lado de la oficina de mi papá en la casa pastoral. Él tenía una gran responsabilidad como pastor de una gran congregación, pero también sentía un gran amor por los perdidos. Detrás de nuestra casa vivía el Sr. Crumley, un ávido radioaficionado a quien no le interesaba la vida de iglesia. Su esposa e hijo asistían a la iglesia todas las semanas, pero él se quedaba en la casa hablando al mundo mediante su estación de radioaficionado.

Papá sentía una gran carga por este hombre, así que comenzó a visitar el «rincón del radioaficionado» en el sótano de la casa para relacionarse con el Sr. Crumley. Pasó horas aprendiendo acerca del equipo electrónico del vecino, las antenas y la «jerga» que usaban los operadores radioaficionados.

Como las obligaciones pastorales demandaban largas horas, mi papá, entre otras tareas, tenía que insertar con dificultad su relación con este hombre. Por fin, Crumley ofreció armar un sistema de radioaficionado para papá si él cualificaba obtener una licencia. Esto significaba convertirse en un competente en el uso del código Morse, el equivalente de dominar la taquigrafía o tal vez un idioma extranjero.

La única hora que papá tenía para practicar esto era tarde en la noche, alrededor de la hora en que yo me iba a dormir en la próxima habitación. El clack-tick-clack de la clave de telegrafía me molestaba y fui a su oficina para ver qué estaba haciendo. Papá me abrazó y me dijo: «Hijo, Jimmy, tu compañero de juego, tiene un padre incrédulo. Yo quiero ganarlo para Jesús. De la única manera que podré entrar a su vida es haciéndome un operador de radioaficionado. Cuando tú me escuches practicando aquí, por favor, ora, pidiéndole a Dios que toque el corazón del Sr. Crumley.

Papá aprobó el examen e instaló un equipo en el sótano de nuestra casa. Pronto los dos hombres comenzaron a ir y venir de un sótano al otro. En el medio de sus actividades, el Cristo que controlaba la vida de mi padre llevó a este hombre a la cruz.

¡Nunca olvidaré la noche que el Sr. Crumley aceptó a Cristo en nuestra sala! Durante los próximos años él llegó a ser muy activo en el servicio a Cristo.

Alcance a los incrédulos «Tipo A» mediante las relaciones

¿Qué será necesario hacer para desarrollar una relación de «plena confianza» con un incrédulo «Tipo A»? No visualices tu ministerio como si fueras el vendedor de un «producto». Al contrario, forma una amistad que continuará durante meses a medida que el incrédulo se convierta en un compañero cristiano de tu grupo celular.

**Medita bien y luego escribe tus reflexiones
acerca de uno de tus incrédulos «Tipo A»:**

1. Intereses o necesidades especiales en la vida de esta persona:

_____

_____

_____

_____

_____

_____

2. Lugares y momentos en que yo puedo estar con esta persona:

_____

_____

_____

_____

_____

CONVERSEMOS...

RECORDATORIO

Tú y tu compañero/a deben dedicar 15 minutos para revisar
Manual para una vida exitosa, publicada por Oikos. Haz esto
todas las semanas hasta sentir que estás familiarizado con
el material. (¡Nunca sabrás cuándo lo vas a necesitar!)

Semana 1, día 5
Esta unidad: Nuestro mandato
Hoy: Revisa el diagrama de Juan 3:16

Lee 2 Timoteo 4:2

«Sea o no sea oportuno...»

¿Cuáles de estos momentos serían apropiados para contarle a un incrédulo «Tipo A» cómo tú llegaste a ser un cristiano? (Marca todas las declaraciones que crees que contesten estas preguntas parcialmente.)

☐ **Cuando el Espíritu Santo te urgió a hacerlo.**

☐ **Cuando la persona desea escuchar lo que tú dices.**

☐ **Cuando tu relación los ha unido.**

☐ **Cuando reconoces que la persona realmente no entiende lo que significa ser un verdadero cristiano.**

Medita en este diálogo

Aunque el siguiente diálogo se preparó para ayudarte a pensar en lo que pudieras decir cuando expliques el diagrama de Juan 3:16, no es necesario aprendértelo de memoria. Luego de familiarizarte con este, será mejor usar tus propias palabras durante un tiempo en que hablarás de corazón a corazón. Evita fórmulas «enlatadas». En la vida real, los pensamientos relacionados al diagrama se pueden presentar en secuencias diferentes, o durante un lapso de tiempo en lugar de hacerlo de una vez. ¡Permite que el Espíritu te guíe!

1. Introducción

«Te agradezco que me brindaras esta oportunidad para visitarte. Me gustaría contarte un poco de mí mismo...» (Emplea un tiempo formando una relación de «confianza».)

2. Presentación

«¿Podríamos hablar acerca del significado de la vida? Me gustaría preguntarte en qué crees que consiste y tal vez luego también me permitas darte mi opinión». (Deje que la otra persona le diga sus puntos de vista sobre el significado de la vida.)

«Yo, al igual que tú, también he pensado mucho en esto. Pero luego descubrí un pequeño diagrama que me ayudó a unir las respuestas que me han ayudado a cambiar toda mi existencia. ¿Me permites dibujártelo? (Usa una hoja de papel en blanco.)

«Me cuesta trabajo captar las cosas cuando hay tanto en qué pensar. ¿Podría emplear alrededor de 10 a 15 minutos para explicarte esto?» (Asegúrate que la persona tenga tiempo.)

En la parte superior del lado izquierdo del papel escribe:

DIOS´

PASO 1: Dios nos creó.

«Antes que nada, déjame explicarte una verdad básica con la que la mayoría de las personas está de acuerdo: que hay un Dios, y que Él es eterno. ¿Estás de acuerdo con esta verdad?» (Permite que la persona hable. ¡No te apures!)

«Dios tiene el derecho y el poder para hacer lo que Él decida hacer. Quisiera contarte una verdad maravillosa acerca de Dios. Él creó al hombre y nos hizo con un propósito específico, que es tener compañerismo y disfrutar de Él para siempre».

«Es algo maravilloso para nosotros pensar en esto: Dios, quien tiene el

DIOS / HOMBRE *Paso 2: Dios creó al hombre para tener compañerismo con Él..*

poder para hacernos en el principio, intentó que viviéramos nuestra vida aquí en la tierra en compañerismo con Él. ¿Alguna vez pensaste en esto?» (Permite que la persona comente esto contigo.)

«Sí Dios nos creó, pero quería que viviéramos nuestra vida diaria en compañerismo con Él, entonces tenemos un problema. No me molesta contarte que en mi vida tuvieron que suceder muchas cosas para que yo llegara a reconocer que estaba apartado de Dios».

«Pero lo más hermoso sobre la forma en que nos creó es que Él sopló vida en el hombre y luego nos dio el derecho de tomar nuestras decisiones libremente».

DIOS / HOMBRE **VIDA**
PASO 3: Dios quiso que esta relación fuera eterna. Por eso nos creó para vivir por siempre, de manera que siempre podamos estar con Él.

Dios no nos hizo como robots. Me alegro que no lo hiciera así porque Él nos hizo a su imagen y nosotros podemos escoger lo que queremos hacer con nuestra vida.

DIOS / HOMBRE **VIDA**
PASO 4: Dios quiso guiar cada una de las decisiones que tomamos, de manera que siempre experimentemos el verdadero significado de la vida.

Lo triste es que el hombre decidió hacer las cosas a su manera. Por lo tanto, decidió separarse de Dios. Esta fue una decisión del hombre, no de Dios. Es importante reconocer esto. Nuestro

DIOS / HOMBRE **VIDA**
HOMBRE *PASO 5: Dios no nos hizo como robots. Nos dio la libertad de escoger si queremos que Él guíe nuestra vida. Menciona que Adán y Eva decidieron rechazar Su control en sus vidas. Uno por uno, todos hemos hecho la misma decisión.*

dilema es uno que nosotros mismos hemos elaborado.

En esta primera revisión marca cualquiera de estos pasos en los que creas que necesitas concentrarte. Asegúrate de aprender bien lo que vas a decir a los incrédulos «Tipo A».

☐ **Paso 1**   ☐ **Paso 2**   ☐ **Paso 3**

☐ **Paso 4**   ☐ **Paso 5**

Semana 2, día 1
Esta unidad: Nuestro mensaje
Hoy: Libre de la penalidad del pecado

Lee Hebreos 9:15 y 26; Colosenses 2:13-15

Introducción a los materiales de esta semana

Los soldados nunca van a una batalla sin la preparación adecuada. Esto también debe ser así para ti. Sin apología, este material es una preparación rigurosa. Una parte de tu capacitación es confirmar tu *comprensión de la salvación*. Si tú no entiendes por completo lo que involucra nuestra salvación, podrías perjudicar mucho a un incrédulo «Tipo A». Un mal consejo a incrédulos que estén buscando puede ocasionar grandes daños a la vida cristiana.

Si al final de esta semana de estudio tú no estás seguro de entender el material, sigue comentando la enseñanza bíblica acerca de la salvación con tu líder de célula o con tu pastor. Aclarar este aspecto es vital no solo por lo que dices a otros, sino también para tu propio crecimiento.

Para ilustrar el peligro: En 1994, la denominación evangélica más grande en Norteamérica informó que el 65% de los informes de «nuevas conversiones» eran, en efecto, ¡personas que ya habían hecho profesión de fe y estaban bautizadas! Estas personas estaban tan insatisfechas con su anterior compromiso con Cristo que pidieron volver a bautizarse. No les enseñaron que hay *tres* aspectos en la salvación, no solo uno. En los materiales de esta semana examinaremos con mucho cuidado qué dicen las Escrituras acerca de estos tres aspectos. Debemos comenzar con...

1. La obra terminada de la cruz: Se pagó nuestra penalidad

La salvación comienza cuando llegamos a la cruz y cambiamos nuestra vida rebelde por la vida recta de Jesús. Le entregamos a Él nuestra vida y Él nos da Su vida. Desde ese momento ya estamos libres de la *penalidad* del pecado. Considera estos versículos (Hebreos 9:26b, Colosenses 2:13-15):

Ahora, al final de los tiempos, se ha presentado una sola vez y para siempre a fin de acabar con el pecado mediante el sacrificio de sí mismo.

Antes de recibir esa circuncisión, ustedes estaban muertos en sus pecados. Sin embargo, Dios nos dio vida en unión con Cristo, al perdonarnos todos los pecados y anular la deuda que teníamos pendiente por los requisitos de la ley. Él anuló esa deuda que nos era adversa, clavándola en la cruz. Desarmó a los poderes y a las potestades, y por medio de Cristo los humilló en público al exhibirlos en su desfile triunfal.

¿La muerte de Cristo en la cruz nos dejó libres de la *penalidad* del pecado? ¡Sí! Hebreos 9:26 dice que Él murió «*para siempre*». ¿Está completa nuestra salvación de la penalidad del pecado? (Recuerda que aquí no nos estamos refiriendo a los «pecados».) ¡Sí! Yo no estoy agarrado a Dios; Él está agarrado a mí. Jesús dijo:

Mis ovejas oyen mi voz; yo las conozco y ellas me siguen. Yo les doy vida eterna, y nunca perecerán, ni nadie podrá arrebatármelas de la mano. Mi Padre, que me las ha dado, es más grande que todos; y de la mano del Padre nadie las puede arrebatar (Juan 10:27-29).

Si no comprendemos que hay *tres* aspectos para nuestra salvación, es posible que consideremos que la sangre de la cruz fue inadecuada para garantizar nuestra salvación eterna. Aquellos que dicen: «Yo fui un cristiano, pero perdí mi salvación», tienen una terrible ignorancia. Hebreos 6:4-6 nos dice:

Es imposible que renueven su arrepentimiento aquellos que han sido una vez iluminados, que han saboreado el don celestial, que han tenido parte en el Espíritu Santo y que han experimentado la buena palabra de Dios y los poderes del mundo venidero, y después de todo esto se han apartado. Es imposible, porque así vuelven a crucificar, para su propio mal, al Hijo de Dios, y lo exponen a la vergüenza pública.

En otras palabras, si decimos que la sangre en la cruz no fue adecuada para preservarnos si «caemos», sería como decir: «¡Jesús, vuelve a la cruz! Permíteme volverte a clavar las manos y los pies. La primera vez que moriste por mí no fue adecuada. ¡Vuélvete a crucificar para que nosotros podamos volver a ser salvos!» ¡No, no, no!, dice el escritor de Hebreos. La transacción del Calvario es una acción terminada.

*Ahora, al final de los tiempos, se ha presentado **una sola vez** y para siempre a fin de acabar con el pecado mediante el sacrificio de sí mismo. (Hebreos 9:26b)*

Cuando nosotros venimos a la cruz, recibimos la presencia viva de Jesús en nuestras vidas. La salvación es tener a Cristo en nosotros, no solo aceptar un nuevo sistema de creencias. Pablo escribió:

*He sido crucificado con Cristo, y ya no vivo yo sino que **Cristo vive en mí.** Lo que ahora vivo en el cuerpo, lo vivo por la fe en el Hijo de Dios, quien me amó y dio su vida por mí. (Gálatas 2:20)*

Nuestra relación con Jesús comenzó en la cruz. *¡Él vive en mí!* 1 Juan 4:13 nos enseña:

¿Cómo sabemos que permanecemos en él, y que él permanece en nosotros? Porque nos ha dado de su Espíritu.

Al enseñar el diagrama Juan 3:16, puedes estar seguro de estar estableciendo la realidad de que Cristo literalmente vino a vivir en nuestra vida luego de nosotros haber rendido a Él los tronos de nuestra vida. Medita hoy en esta verdad. La próxima *Guía de crecimiento diario* explicará que cuando venimos a la cruz, comenzamos nuestra salvación al establecer una relación con Cristo. Pero hay más. ¡La salvación de nuestra penalidad del pecado solo es el principio!

Semana 2, día 2
Esta unidad: Nuestro mensaje
Hoy: Libre de la presencia del pecado

Lee Hebreos 9:27-28; Apocalipsis 12:10; Tito 2:11-14

Hebreos 9:27-28 relaciona el primer y tercer aspecto de la salvación. Nota cómo el escritor habla en primer lugar sobre la obra terminada de la cruz que nos trae salvación de la penalidad del pecado:

> *Y así como está establecido que los seres humanos mueran una sola vez, y después venga el juicio, también Cristo fue ofrecido en sacrificio una sola vez para quitar los pecados de muchos...*

Este pasaje sigue hablando sobre otro aspecto de la salvación que es futuro, la salvación que recibiremos en una Era futura, cuando nos liberemos de la **presencia** del pecado:

> *y aparecerá por segunda vez, ya no para cargar con pecado alguno, sino para traer salvación a quienes lo esperan.*

«*Para traer salvación*». Esto se refiere a un aspecto final de nuestra salvación que de manera definitiva está en espera para todos los creyentes. Sin embargo, no se puede recibir hasta que Dios termine esta era malvada.

Apocalipsis 12:10 describe la ocasión en que Dios destruirá los reinos de este mundo que en el presente gobierna Satanás. La misma *presencia* del pecado se quitará por toda la eternidad:

> *Luego oí en el cielo un gran clamor: «Han llegado ya la **salvación** y el poder y el reino de nuestro Dios; ha llegado ya la autoridad de su Cristo. Porque ha sido expulsado el acusador de nuestros hermanos, el que los acusaba día y noche delante de nuestro Dios.*

Este aspecto de la futura salvación es lo que los cristianos del Nuevo Testamento llamaban la esperanza «bendita».

> *En verdad, Dios ha manifestado a toda la humanidad su gracia, la cual trae salvación y nos enseña a rechazar la impiedad y las pasiones mundanas. Así podremos vivir en este mundo con justicia, piedad y dominio propio, mientras aguardamos la bendita esperanza, es decir, la gloriosa venida de nuestro gran Dios y Salvador Jesucristo. Él se entregó por nosotros para rescatarnos de toda maldad y purificar para sí un pueblo elegido, dedicado a hacer el bien (Tito 2:11-14).*

¿A cuál aspecto de la salvación se refiere el texto anterior?

☐ **Salvación de la penalidad del pecado.**

☐ **Salvación de la presencia del pecado.**

☐ **Está hablando de la salvación tanto presente como futura.**

En realidad, la tercera declaración no está equivocada. La vida que ahora vivimos en Cristo anticipa un tiempo futuro cuando Él establecerá el eterno Reino de Dios. Nosotros reinaremos con Él para siempre. Con el conocimiento de lo que va a suceder, esperamos el fin de esta Era miserable. Nosotros tenemos una *salvación futura*, un tiempo en el que no habrá más guerra, cuando los leones se acostarán junto a las ovejas y los hombres «convertirán sus espadas en arados».

¿Ves cuán importante es decirle estas cosas a los incrédulos «Tipo A» antes que oren para recibir a Cristo? Aunque es trágico, muchos cristianos tienen un concepto de la salvación que no es más que esto:

Ya saqué mi póliza del seguro de vida eterna con Dios. Yo oré: 'Dios, ten misericordia de mí, un pecador,' y salvé mi alma por amor a Jesús. Eso es todo. Me alegro que Jesús pagara el precio por esto en la cruz. A mí no me costó nada. Ahora puedo disfrutar la vida y respetar a Dios, asistiendo a la iglesia cuando me sea conveniente. Algún día moriré y disfrutaré mi hogar en el cielo. Toleraré al predicador que me diga que tengo la obligación con Dios de diezmar y venir a todos los servicios de la iglesia. Pero en realidad, no creo que tenga que ser tan radical acerca de todas estas cosas religiosas.

Es algo solemne llegar a ser un *pais*, un hijo/sirviente de Jesucristo. La futura salvación de la *presencia* de pecado requiere que nuestros días en esta vida sean inspeccionados antes que entremos al Reino. Aunque nuestra salvación de la penalidad del pecado se estableció en el Calvario, habrá un juicio de cada creyente. Esto se enseña con claridad en 1 Corintios 3:11-15:

Porque nadie puede poner un fundamento diferente del que ya está puesto, que es Jesucristo. Si alguien construye sobre este fundamento, ya sea con oro, plata y piedras preciosas, o con madera, heno y paja, su obra se mostrará tal cual es, pues el día del juicio la dejará al descubierto. El fuego la dará a conocer, y pondrá a prueba la calidad del trabajo de cada uno. Si lo que alguien ha construido permanece, recibirá su recompensa, pero si su obra es consumida por las llamas, él sufrirá pérdida. Será salvo, pero como quien pasa por el fuego.

Venir a la cruz comienza una relación. Cristo vino a morar en nosotros. Ya dejamos de ser nuestros propietarios. Le pertenecemos a Él. Él tiene todo derecho de guiar nuestros días. Si obviamos Su guía interior, tomando decisiones sobre decisiones sin tomar en cuenta Su voluntad, entonces, eso significa que realmente nunca entramos en Su reino eterno donde siempre se hace Su voluntad. Por tanto, nuestro nivel de obediencia se considerará (véase 2 Timoteo 2:11-13).

Piensa en la destrucción del mundo que vendrá y en el establecimiento de un eterno Reino de Dios en la eternidad. ¿Crees que esto realmente sucederá? Si nunca antes pensaste en esto, ahora es el momento. Nuestra vida en Cristo hoy es una preparación para la *salvación de mañana*.

Hablar con un incrédulo acerca de estas verdades es una parte importante de tus comentarios en cuanto a la presentación de Juan 3:16. ¿Cómo dirás esto? No esperes a estar haciendo los comentarios para contestar esta pregunta. Usa tus momentos libres de hoy para pensar en cómo explicarás la verdad sobre la futura salvación, cuando nos liberen de la presencia del pecado.

Semana 2, día 3
Esta unidad: Nuestro mensaje
Hoy: Libres del poder del pecado

Lee Filipenses 2:1-16

Vamos a estudiar este pasaje de una manera profunda. Esto explica la presente salvación. Notarás que en español, al igual que en griego, Pablo se dirige a los lectores en plural. Ninguno de los comentarios de Pablo se dirigió a un individuo. En todos los casos, él se dirigió a un grupo de personas, los que componían las comunidades cristianas básicas (grupos celulares) en el cuerpo de Cristo en Filipo. La presente salvación se lleva a cabo en el cuerpo de Cristo.

Contesta las siguientes preguntas:

¿A cuál aspecto de la salvación se refieren los versículos 12 y 13?

☐ **Salvación pasada**

☐ **Salvación futura**

☐ **Salvación presente**

Sabemos que no podemos «llevar a cabo» nuestra salvación de la *penalidad* que merece el pecado porque Cristo la canceló con Su muerte. Sabemos que tampoco podemos «llevar a cabo» nuestra salvación de la presencia de pecado. Cristo debe venir a establecer el Reino de Dios antes que esto se realice.

La salvación presente es la obra de Cristo en su cuerpo

La salvación a la que se refiere este pasaje es una *salvación presente*, la liberación del *poder* del pecado. Mientras vivamos en la carne, se estará realizando una guerra en nuestro interior. Cristo mora en nosotros, pero también tenemos un espíritu humano que sigue ejerciendo nuestra libertad para tomar decisiones. (Hacernos cristianos no nos convierte en robots.) Cuando el «viejo hombre» en nosotros decide dejar de lado los derechos de Cristo para ser el Señor en nosotros, entonces perdemos el derecho de recibir la liberación del poder del pecado.

Las palabras en griego para *lleven a cabo*, en el versículo 12, significa «obra plenamente en un lugar o tiempo en particular». No hacemos esto de manera individual, sino con otros en el cuerpo de Cristo, el grupo celular. «Lleven (*plural*) a cabo» su salvación.

En el versículo 13 se nos dice que Dios produce en ustedes (*plural*), pero el griego para producir es una palabra diferente y significa «*energizar*».

Vamos a reconocer que la salvación pasada, presente y futura no es una *condición*, sino que siempre es la *actividad* de Cristo. Esta verdad se puede aclarar mejor si notamos la declaración de Simeón cuando le colocaron al bebé Jesús en sus brazos:

> *Simeón lo tomó en sus brazos y bendijo a Dios [...] «Porque han visto mis ojos tu salvación, que has preparado a la vista de todos los pueblos: luz que ilumina a las naciones y gloria de tu pueblo Israel» (Lucas 2:28, 30-31).*

El Cristo resucitado vino a vivir en Su nuevo cuerpo, «los llamados», que se reúnen en grupos pequeños donde Él los salva, de manera activa, del poder del pecado.

El grupo celular se reúne para obrar su liberación, sabiendo que Cristo es la fuente de su victoria.

Obrar nuestra salvación del poder del pecado no es algo que podamos hacer por nuestra cuenta, nosotros solos. Subraya los pasajes que mejor confirman esto para ti:

Ro 15:14 «… ustedes mismos …abundan en conocimiento y están capacitados para instruirse unos a otros».

Gá 5:13: «Sírvanse unos a otros con amor».

Ef 4:2: «Pacientes, tolerantes unos con otros en amor».

Ef 4:32: «Sean bondadosos y compasivos unos con otros, y perdónense mutuamente…»

Ef 5:21: «Sométanse unos a otros, por reverencia a Cristo».

Fil 2:4: «Cada uno debe velar no sólo por sus propios intereses sino también por los intereses de los demás».

Col 3:13: «De modo que se toleren unos a otros y se perdonen si alguno tiene queja contra otro».

Col 3:16: «Que habite en ustedes la palabra de Cristo con toda su riqueza: instrúyanse y aconséjense unos a otros…»

1Ts 5:11: «Por eso, anímense y edifíquense unos a otros, tal como lo vienen haciendo».

Heb 3:13: «anímense unos a otros cada día …»

Heb 10:24: «Preocupémonos los unos por los otros, a fin de estimularnos al amor y a la buenas obras».

La tragedia de cristianos sin instrucciones

No todas las iglesias entienden que la Comunidad cristiana básica, el grupo celular, es la manera en que Cristo obra en Su cuerpo para librarnos del poder del pecado. Por tanto, una gran cantidad de cristianos ve la iglesia solo como una organización con programas que apoyar, a los cuales asistir y participar. Al creer que el andar diario del cristiano es un asunto privado, viven en esclavitud, sin nunca superar el poder del pecado. Se les ha robado una parte vital de su salvación.

Considere la tragedia de presentar el mensaje del evangelio a un incrédulo y *no referirse a este aspecto de la salvación*. Si hablamos de venir a la cruz para recibir libertad de la penalidad del pecado, y la seguridad de que si lo hacemos «Dios nos llevará a Su cielo», le estamos robando al nuevo creyente la manera en que se vencerá el poder del pecado. Si decimos: «Dios tiene un plan maravilloso para tu vida» y no decimos que este plan involucra una participación activa en el cuerpo de Cristo, entonces, no hemos dicho toda la verdad. Le damos a la «iglesia» una opción que no tiene nada que ver directamente con la salvación del poder de sus pecados. La iglesia no nos salva, Cristo con Su cuerpo trae liberación. Para que esto ocurra debemos relacionarnos propiamente en Su cuerpo.

Cuando venimos a la cruz, el primer acto oficial del Espíritu Santo es bautizarnos en el cuerpo de Cristo (véase 1 Corintios 12:13-14). Si no nos enlazamos enseguida al cuerpo de Cristo (mediante el grupo celular), no seremos capaces de «obrar nuestra salvación con temor y temblor».

Semana 2, día 4
Esta unidad: Nuestro mensaje
Hoy: Explicar los tres aspectos

Lee: Romanos 10:8-10

LOS TRES ASPECTOS DE LA SALVACIÓN		
Cristo nos liberó del pecado como una...		
PENALIDAD Por Su muerte	**PODER** Por Su vida	**PRESENCIA** Por Su regreso
PERDONADOS	AUTORIZADOS	LIBRES
Un MOMENTO en el tiempo	Un PROCESO en el tiempo	Un MOMENTO en el tiempo
Sucede cuando estoy cansado de mi pecado	Sucede cuando estoy en el Cuerpo de Cristo	Sucede cuando el Señor regresa
Cristo vive en mí	Cristo me libra, obrando por medio de Su Cuerpo	Cristo me gobierna
Soy un niño	Soy un joven	Reino con Cristo

Digiere las ideas que te he presentado en esta gráfica. A medida que medites en estas verdades te sentirás confiado al tener las instrucciones para las conversaciones que ahora tendrás con los incrédulos «Tipo A».

Recuerda… los momentos de conversación no son «presentaciones enlatadas». El diagrama de Juan 3:16 te da un bosquejo, una pista a seguir, pero la intensión no es presentarla como una conferencia. Asegúrate de proceder a la velocidad de las reacciones del incrédulo.

Una historia verídica...

Hace muchos años vino a mi grupo celular una dama de Gales. Su esposo trabajaba en una base aérea del ejército y gastaba la mayor parte de sus entradas emborrachándose los viernes por la noche. La casa de ellos estaba apartada de la carretera, así que cada vez que yo iba allá para verlo, él corría por la puerta trasera y desaparecía hasta que yo me iba.

Oré sinceramente que el Señor arreglara el camino para que nos encontráramos. Si fue del Señor o no, no lo diré, pero este hombre tuvo el peor caso de gota que yo he visto. Se vio confinado a su silla con una almohada bajo sus pies durante varios días. ¡Ahora no podría escapar!

Dediqué las primeras horas solo a conocerlo, contando historias acerca de nuestra niñez y su servicio en el ejército. Gradualmente él me aceptó como un amigo. Llegamos al momento en que pude preguntarle: «Sé que nunca piensa en las cosas espirituales, y sabe que esto es lo más importante en mi vida. ¿Me permitiría contarle lo que yo creo?»

Él puso un nuevo tabaco para mascar en su boca y dijo: «Está bien». Comencé con la presentación de Juan 3:16. Pasamos con rapidez por todo eso hasta que escribí la palabra «MUERTE». ¡Él explotó! Él se había convencido a sí mismo que no había vida después de la muerte y que el infierno no tenía sentido. Sus ideas eran tan fuertes que yo dejé de discutir. Al próximo día volví a visitarlo. Ya él se había calmado, pero seguía considerando el asunto de la muerte y la separación eterna de Dios. Tuve que pasar un tiempo en este aspecto y necesité buscar la concordancia en la parte de atrás de mi Biblia para contestar algunas de sus preguntas.

Por fin completamos toda la presentación y él aceptó a Cristo como su Salvador. Vi a este hombre crecer y crecer en el Señor al liberarse del abuso del alcohol y convertirse en un hombre de oración. ¡Tener paciencia con él funcionó!

Piensa cómo explicarás los tres aspectos

El diagrama siguiente puede ayudarte a preparar las formas en que estos hechos importantes pueden entretejerse en la presentación. Deja que el Espíritu Santo se convierta en tu maestro. Pídele que te revele la mejor manera de explicar estos hechos importantes:

¿Cómo presentarás estas verdades?

1. La salvación no es una forma de creer, es recibir a Cristo.
2. Cuando vamos a la cruz, cambiamos nuestra vida por la vida de Cristo. Él viene a vivir en nosotros como nuestro Señor.
3. Cristo tiene un cuerpo especial en el mundo actual. Su cuerpo está formado por el Espíritu Santo, que une a todos los creyentes para convertirse en las partes de Su cuerpo.
4. Cuando Cristo viene a vivir en nosotros, nuestra primera prioridad es ser un miembro activo en Su cuerpo, el cual toma la forma de una Comunidad cristiana básica, un grupo celular.
5. Recibimos libertad de la penalidad del pecado en la cruz, encontramos libertad del poder del pecado a medida que trabajamos con los creyentes en nuestro grupo celular para vencer nuestras fortalezas espirituales. Trabajar nuestra diaria salvación del poder del pecado no se puede hacer en privado. Cristo realiza este acto de salvación mediante el Cuerpo de Vida.
6. Es importante la manera en que maduramos espiritualmente en esta vida. Un día, cuando Él regrese, le daremos cuenta de lo que hicimos con nuestras vidas en la Tierra. Cuando Él establezca Su Reino, a los cristianos se les asignarán tareas basadas en su obediencia y actuación pasadas.

Medita hoy en estas verdades. Mírate explicándolas a uno de tus incrédulos «Tipo A». Piensa en las palabras que usarás. Busca que el Espíritu Santo te unja para dar poder a tus palabras con la presencia de Cristo.

Semana 2, día 5
Esta unidad: Nuestro mensaje
Hoy: Repaso del diagrama de Juan 3:16

Lee Génesis 3:1-10

> *Pero la serpiente le dijo a la mujer: «¡no es cierto, no van a morir! Dios sabe muy bien que, cuando coman de ese árbol, se les abrirán los ojos y llegarán a ser como Dios, conocedores del bien y del mal».*

¿Cuál fue el pecado que cometieron Adán y Eva? (Marca todas las declaraciones que consideres que contestan parcialmente estas preguntas.)

☐ **Ellos deseaban saber tanto como Dios.**

☐ **No creían que Dios les estaba diciendo la verdad cuando les dijo: «No coman de ese árbol, ni lo toquen; de lo contrario, morirán».**

☐ **Disfrutaron comer un pedazo de fruta.**

☐ **Los motivaba el deseo de llegar a ser importantes por sus propias decisiones.**

☐ **No estaban advertidos del poder de Satanás, quien vino encubierto.**

☐ **Actuaron por ignorancia y Dios no los debió penalizar por lo que hicieron.**

Los incrédulos creen que «pecado» y «pecados» son idénticos

Este diagrama compara la raíz de un árbol con las frutas que lleva. Si el árbol es de manzana, las frutas serán manzanas. Quitar las manzanas no cambia la raíz del árbol.

PECADO

PECADOS

En la ilustración, dibuja la palabra «Yo» sobre el trono dentro del corazón. Esto representa nuestro problema de la raíz. Piensa en algunos «pecados» y escribe sus nombres al lado de las frutas que rodean el corazón. El problema de la raíz = PECADO; fruto de una vida con «Yo» en el trono = PECADOS.

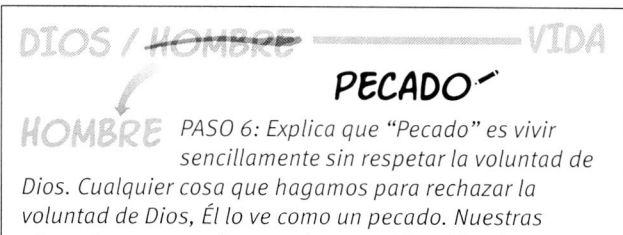

PASO 6: Explica que "Pecado" es vivir sencillamente sin respetar la voluntad de Dios. Cualquier cosa que hagamos para rechazar la voluntad de Dios, Él lo ve como un pecado. Nuestras obras, buenas o malas, son inaceptables si las hacemos aparte de Su guía y control. "Nuestras buenas obras son como harapos sucios".

No es sabio seguir adelante con los comentarios hasta que estas verdades importantes queden bien establecidas. Si no hay una buena comprensión de lo que es el pecado, la cruz de Cristo no tendría significado. Ten el cuidado de confirmar esta verdad.

PASO 7: Las consecuencias de nuestra elección son serias. Dios nos hizo para vivir con Él para siempre. Al morir, la decisión de rechazar que Él nos guiara en esta vida será irreversible, así que durante toda la eternidad continuaremos viviendo aparte de Él. Hacer esta decisión significa encarar la muerte eterna sin Dios.

Agrega la palabra «muerte»

Muchas personas creen falsamente que «el hombre de arriba» eventualmente aceptará a todos en Su presencia. Muchos no creen en una vida después de la muerte. Los que rechazan Su monarquía sobre ellos no creen en una separación eterna de Dios.

Este es otro punto crucial que debes confirmar en tus comentarios. Pregunta: «¿Cree usted que hay una vida después de la muerte?» «¿Cree usted que quienes rechazan la dirección de Dios en esta vida estarán eternamente separados de Él?»

Si es necesario, tal vez quieras establecer que nuestra única manera de saber con seguridad sobre la vida después de la muerte es buscar en las Escrituras. Un sustituto para la palabra «MUERTE» es «apartarse de Dios».

Escribe ideas acerca del PECADO y MUERTE que te gustarían comentar con tu compañero/a, o preguntas que te gustaría que el líder de tu célula o pastor contestaran:

_____

_____

_____

Semana 3, día 1
Esta unidad: Nuestro mediador
Hoy: Servir como un mediador

Lee Mateo 10:18-20 y Mateo 16:18-19

Rara vez usamos la palabra «mediador». Sin embargo, es una parte importante de la vida. El diccionario define esta persona como: «uno que media o se interpone entre las partes que tienen una diferencia con el propósito de reconciliarlos». El mediador actúa como un agente en una situación donde se debe resolver un conflicto.

En Mateo 10:18-20, Jesús le dijo a Sus discípulos:

Por mi causa los llevarán ante gobernadores y reyes para dar testimonio a ellos y a los gentiles. Pero cuando los arresten, no se preocupen por lo que van a decir o cómo van a decirlo. En ese momento se les dará lo que han de decir, porque no serán ustedes los que hablen, sino que el Espíritu de su Padre hablará por medio de ustedes.

Cuando tú vas a un incrédulo, estás participando en una batalla eterna que han iniciado las almas de los hombres. Tú eres un mediador para Cristo. Tu tarea es reconciliar a los hombres para Dios. Entiende que los poderes de la oscuridad y los poderes de la luz están en conflicto mientras tú buscas mediar entre ambos para traer un incrédulo a la salvación. ¡Todos los poderes del infierno pelearán contra ti!

Satanás causará que sucedan todo tipo de cosas raras. Por ejemplo, muchísimas veces, a lo largo de los años, no he tenido interrupciones al explicar Juan 3:16 a un incrédulo. Sin embargo, en el *mismo momento* de tomar una decisión por Cristo, puede suceder que un bebé grite, un perro comience a ladrar, aparezca una visita inesperada o timbre el teléfono. Es posible que se produzca una distracción inesperada para divagar la concentración del buscador. Hace años que llegué a la conclusión que esto nunca fueron «coincidencias». Eran las actividades del poder del aire que estaban luchando.

Estar sensible a la presencia del Espíritu Santo es clave al salir a testificar. A Él se le llama el *paracleto*, una palabra en griego que significa «alguien que está a tu lado para prestar ayuda». Él te habrá precedido en la vida de un incrédulo «Tipo A». Si no fuera por Su presencia, no habría reacción.

De acuerdo a Mateo 10:18-20, ¿quién proveerá la palabras adecuadas que tú debes usar cuando estás testificando?

☐ **La presentación perfectamente memorizada de Juan 3:16.**

☐ **El Espíritu Santo, que inspirará tus palabras.**

☐ **Tus palabras persuasivas, dichas con sinceridad y honestidad.**

La combinación de tu espíritu con el Espíritu de Dios que se efectuará a medida que hablas con los incrédulos debe ser un motivo de ánimo para ti.

Una historia verídica...

Cuando plantamos una iglesia en el área de Harrisburg, nuestra familia vivía al otro lado de la calle de un hombre soltero que durante los fines de semana celebraba grandes fiestas. A veces, personas desnudas corrían tras otro en medio de la nieve en el jardín frente a su casa. Mis hijos eran pequeños, y esto nos causó varios problemas.

Todavía Bob no era el incrédulo «Tipo A». Él solo era un pecador empedernido que necesitaba a Jesús, así que fui a visitarlo. Él se dedicaba a reparar electrodomésticos de cocina, lo cual hacía en el garaje de su casa. Comencé por caminar hasta allí durante los días de la semana a conversar con él. Luego Ruth hizo un pastel de manzana y se lo dimos. Pronto pudimos establecer una buena amistad, y él hasta evitaba maldecir cuando estaba frente a mí.

Por fin, el Señor me urgió a ir a su casa y pedirle que me contara su vida pasada. Cuando era un niño lo dejaron en un orfanatorio y nunca tuvo el amor de una familia. De joven fue al ejército y aprendió a tomar e ir a fiestas de hombres mucho más viejos que él.

Después de varios encuentros sucesivos me invitó a tomar una taza de café. Nuestro amor obró algo en él y me dijo: «Mira, yo no soy muy religioso».

Le repliqué: «Bob, tienes 33 años. ¿Alguna vez has orado?» Él me miró asombrado: «Nunca pensé en eso». Le dije: «¡Es una pena! Estás a la mitad de la vida ¡y nunca has orado! ¿Quieres que te enseñe una oración que puedas decir?» Él dijo: «Bueno, no tengo nada que decirle a Dios. Yo solo podría decir palabras bonitas para hacerte sentir bien. No, gracias».

En ese momento se les dará lo que han de decir, porque no serán ustedes los que hablen...

Sentí la presencia del Espíritu Santo cuando le contesté: «No, Bob, yo te daré las palabras de una oración sincera que realmente te dirá dónde estás espiritualmente». Le pedí que se arrodillara conmigo y le dije: «Ahora, solo repite estas palabras después de mí: Querido Dios, este es Bob. No me interesa nada de tí y yo no te necesito».

Bob dio un salto para ponerse de pie y dijo: «¡Yo no puedo decirle esto a Dios!» Le contesté: «Bob, ¿no te parece que esas son las mismas palabras que tú le estás diciendo a Dios con cada acción de tu vida? La oración no requiere que te arrodilles».

Dí media vuelta y regresé a mi casa. A la hora siguiente él vino a verme. «Ralph, creo que necesito que me hables acerca de Dios».

Me da mucho gusto decirte que Bob no solo se convirtió en un cristiano, sino que sirvió al Señor con una gran devoción.

Medita hoy sobre cómo el Espíritu Santo coopera con nosotros cuando le testificamos a un incrédulo «Tipo A». Lo que Él nos guía a hacer a menudo es algo que de otra forma no diríamos.

Semana 3, día 2
Esta unidad: Nuestro mediador
Hoy: Reconciliación del hombre con Dios

Lee 2 Corintios 5:15-20

Lee este pasaje con cuidado. Subraya cada frase que describa nuestra tarea para reconciliar al hombre con Dios.

Y él murió por todos, para que los que viven ya no vivan para sí, sino para el que murió por ellos y fue resucitado.

Así que de ahora en adelante no consideramos a nadie según criterios meramente humanos. Aunque antes conocimos a Cristo de esta manera, ya no lo conocemos así. Por lo tanto, si alguno está en Cristo, es una nueva creación. ¡Lo viejo ha pasado, ha llegado ya lo nuevo! Todo esto proviene de Dios, quien por medio de Cristo nos reconcilió consigo mismo y nos dio el ministerio de la reconciliación: esto es, que en Cristo, Dios estaba reconciliando al mundo consigo mismo, no tomándole en cuenta sus pecados y encargándonos a nosotros el mensaje de la reconciliación. Así que somos embajadores de Cristo, como si Dios los exhortara a ustedes por medio de nosotros: «En nombre de Cristo les rogamos que se reconcilien con Dios».

Los mediadores están involucrados en restaurar las relaciones quebrantadas entre las partes separadas. Desde luego, este pasaje nos llama a llevar el mensaje de reconciliación a los incrédulos.

Medita durante dos minutos en esta presentación de Juan 3:16. Considera cómo te ayuda cuando participas en tu ministerio de reconciliación:

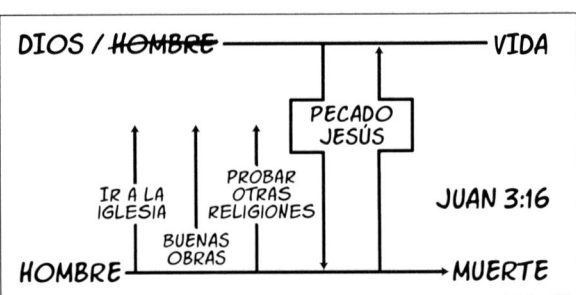

1. El mismo acto de explicar este diagrama significa que tú estás exponiendo con claridad el mensaje de reconciliación.
2. Esto explica que las relaciones quebrantadas con Dios es una decisión que ha tomado el hombre. No es una decisión de Dios.
3. Esto elimina todas las demás alternativas, excepto una: Jesús. Dios ha establecido los términos para que nosotros nos reconciliemos.

¿Algún pasaje de las Escrituras podría señalar mejor nuestro llamado para incesantemente ser activo en traer a los incrédulos a Cristo? ¿Por qué crees que tantos cristianos viven irresponsablemente, haciendo caso omiso de su misión para ser mediadores?

Una historia verídica...

Una iglesia muy rica en Richmond, Virginia, me invitó para hablarles de la vida en la Iglesia Celular. Hicimos una presentación completa a toda la congregación, y luego pasamos otro día completo con los «pilares» de esta iglesia. Algunos de ellos eran miembros fundadores de esta organización de 43 años. Todos estaban encantados con el concepto de los creyentes reuniéndose en grupos pequeños en sus hogares y apoyaron la idea de empezar el nuevo modelo. El pastor se quedó con un calendario para equipar a los líderes de la iglesia en cuanto a la próxima transición.

Dos meses más tarde me llamó tarde en la noche y me dijo: «Acabo de llegar de la sesión más impactante de mi ministerio. Hoy me reuní con mis líderes y revisamos las Escrituras que aclaran que todo ser humano, dondequiera que esté, que muera sin venir a Cristo para recibir la salvación de la penalidad del pecado, está apartado de Dios por la eternidad.

»Cuando terminé, les pedí un tiempo para hacer comentarios. Para mi sorpresa, los líderes de la iglesia me respondieron: 'Sabemos que eso es lo que enseña la Biblia, pero no lo creemos. Confiamos en que Dios traerá a Él a toda la humanidad, ya sea que ellos acepten a Cristo o no'».

El pastor agregó: «Yo siempre dí por sentado que el liderazgo de aquí no cuestionaba esta enseñanza básica de las Escrituras. Ahora reconozco que el problema que encaro no es una transición de la estructura de la iglesia, sino confrontar una poderosa incredulidad y apostasía entre los líderes de mi iglesia».

¿Qué de tus propias convicciones? ¿Has establecido con claridad que la cruz prueba que el hombre puede estar separado de Dios para siempre? Revisa seriamente los siguientes pasajes. Subraya las frases que afirman que debemos reconciliarnos:

Y no sólo esto, sino que también nos regocijamos en Dios por nuestro Señor Jesucristo, pues gracias a él ya hemos recibido la reconciliación. (Romanos 5:11)

Porque Cristo es nuestra paz: de los dos pueblos ha hecho uno solo, derribando mediante su sacrificio el muro de enemistad que nos separaba, pues anuló la ley con sus mandamientos y requisitos. Esto lo hizo para crear en sí mismo de los dos pueblos una nueva humanidad al hacer la paz, para reconciliar con Dios a ambos en un solo cuerpo mediante la cruz, por la que dio muerte a la enemistad. Él vino y proclamó paz a ustedes que estaban lejos y paz a los que estaban cerca. (Efesios 2:14-17)

Y, por medio de él, reconciliar consigo todas las cosas, tanto las que están en la tierra como las que están en el cielo, haciendo la paz mediante la sangre que derramó en la cruz. (Colosenses 1:20)

Semana 3, día 3
Esta unidad: Nuestro mediador
Hoy: Pedro, el mediador

Lee Hechos 10:28-33

En el libro de los Hechos encontramos dos poderosas ilustraciones donde puedes descubrir cómo Dios te usará en tu ministerio para los incrédulos «Tipo A». Si tienes tiempo, valdrá la pena que leas todo el pasaje de Hechos 9:43–10:44, donde se cuenta la historia de la primera de estas. Allí se narra cómo Dios arregló las cosas para que Pedro convirtiera a un buscador «Tipo A».

En Cesarea había un oficial romano llamado Cornelio que estaba buscando a Dios de una manera sincera. Él vivía en una colonia de Roma, el centro de operaciones gubernamentales de la región.

Cornelio era el clásico «Hombre de Paz». Hacía tiempo que él estaba buscando al Dios viviente y había demostrado su deseo de seguirlo, haciendo muchos actos de benevolencia.

Era las tres de la tarde cuando un ángel le apareció y le dijo que buscara a Pedro, que estaba en Jope. El ángel describió el lugar exacto donde estaba el apóstol. *Nota que Cornelio requirió de Pedro, un mediador de Dios, antes que pudiera ser salvo.*

Mientras tanto, 35 millas al sur por la costa marítima, Pedro tenía que prepararse para este encuentro. Pedro, un judío estricto, nunca se había dirigido a un soldado romano para hablarle de Cristo. Él seguía viviendo en la esclavitud del judaísmo, todavía no se había liberado para ir a un no judío con el mensaje de la salvación.

Dios se ocupó de Pedro al mediodía, mientras estaba al sol en el techo plano de la casa de Simón. Allí tuvo una visión en la que vio animales que no eran *kosher*, permitidos para un judío, sobre una larga sábana que bajaba del cielo. La voz del Señor le mandó que comiera la carne de estos animales. ¡Él estaba sorprendido! Usó dos palabras que no van juntas: «¡No, Señor!» (Al decir «Señor», ¡nunca debe haber un «No»!) La visión se repitió tres veces para hacer énfasis.

Pronto llegaron los sirvientes del centurión para guiar a Pedro por el camino que iba a lo largo del costado del Mar Mediterráneo hasta la casa de su maestro. Luego de llegar, Pedro experimentó la mayor y más profunda actividad de Dios. No solo Cornelio sino también todos en sus oikos fueron salvos y llenos del Espíritu Santo.

Dios se une a nosotros para encontrar incrédulos

Al comenzar tu ministerio para incrédulos «Tipo A», podrás tener la seguridad que luego de encontrar un «Hombre de Paz», el Espíritu Santo de Dios llegará antes que tú. Al mismo tiempo Él estará ampliando tu visión de lo que desea hacer por medio de ti. Él está preparando el terreno de los corazones humanos que están buscando a Cristo.

Es posible que recibas una sorpresa las primeras veces que esto te suceda. Ayudarás a alguien a orar para recibir a Cristo y pensarás: «Nunca me imaginé que esto fuera tan fácil».

Una historia verídica...

Fui a plantar una iglesia en Middletown, Pensylvania, y cada pocos días acostumbraba a comprar mi gasolina en la misma estación. Por lo general, daban servicio a muchos autos y el administrador de la estación siempre andaba corriendo de uno al próximo. No obstante, tomé un tiempo para visitarlo mientras él llenaba mi tanque de gasolina. Aprendimos un poco de nuestras respectivas familias, pero él no parecía tener deseo alguno de relacionarse con un pastor.

Una noche, mientras yo oraba, el Señor me dijo: «Vístete y ve a la estación donde compras la gasolina. Necesitas hablar con el administrador acerca de su alma».

Yo dije: «Señor, ya es tarde». Es probable que él ya esté cerrando y pensará que es raro que yo aparezca allí sin una buena razón. Lo veré mañana».

«¡No!» dijo el Señor, «Ve ahora».

En obediencia, me vestí y en 15 minutos manejé a la estación. Como me había imaginado, las luces estaban apagadas y el administrador estaba llenando los informes diarios en su oficina. Caminé hasta allí y le dije: «Tal vez esto sea un inconveniente para ti, pero el Señor me dijo que viniera hasta aquí y te hiciera una pregunta: '¿Estás bien con tu alma?'»

Él comenzó a llorar profusamente. «No», me contestó. Acabo de saber que tengo un cáncer incurable y muy pronto tendré que dejar de trabajar aquí. Pastor, durante estos días pasados mientras llenaba su carro de gasolina, yo oraba: 'Dios, este hombre siempre parece andar apurado. No lo quiero molestar, pero tengo miedo. No sé mucho de ti. Por favor, Dios, déjale saber que yo necesito que él me ayude».

¡Ahora era yo el que lloraba! Había estado tan ocupado con los asuntos de mi iglesia que demoré en relacionarme de una manera profunda con este hombre. El Espíritu Santo había repetido el mismo escenario de lo sucedido hacía siglos en Jope y Cesarea. Ministré a este hombre durante los meses siguientes, prediqué en sus funerales y vi a toda su familia conocer al Señor.

Ahora es tu turno para llorar...

El que llorando esparce la semilla, cantando recoge sus gavillas. (Salmo 126:6)

Ya aprendiste en tu grupo celular que la edificación se realiza cuando tú escuchas la necesidad en la vida de tu compañero cristiano y luego escuchas a Cristo. Tú has experimentado el recibir de Él lo que bendecirá a otros. Esta misma comunicación con Cristo en tu vida de oración causará que tú sientas un «toque en tu hombro» mientras Él te dice: «Ve ahora a hablarle a tu amigo incrédulo». Cuando llegues, descubrirás una apertura que la actividad del Espíritu Santo ha causado.

El ministerio para el «pre-cristiano», incrédulo «Tipo A» es una actividad sobrenatural. Sé sensible a la voz del Señor. Después de una o dos experiencias personales tuyas, no volverás a ser el mismo. ¡Ver la cosecha enriquecerá tu vida!

Semana 3, día 4
Esta unidad: Nuestro mediador
Hoy: Felipe, el mediador

Lee Hechos 8:26-39

Muchos pasajes nos dicen que Jesús es el único mediador entre Dios y los hombres:

Porque hay un solo Dios y un solo mediador entre Dios y los hombres, Jesucristo hombre, quien dio su vida como rescate por todos. Este testimonio Dios lo ha dado a su debido tiempo (1 Timoteo 2:5-6).

Cristo, el Mediador, mora en ti. Él fluirá a través de ti con todo Su amor y compasión mientras tú entregas tu ser a Él.

Pero, ¡hay más! También hay la obra mediadora del Espíritu Santo tomando lugar en el Hombre de Paz. Jesús dijo:

Pero les digo la verdad: Les conviene que me vaya porque, si no lo hago, el Consolador no vendrá a ustedes; en cambio, si me voy, se lo enviaré a ustedes. Y cuando él venga, convencerá al mundo de su error en cuanto al pecado, a la justicia y al juicio; en cuanto al pecado, porque no creen en mí; en cuanto a la justicia, porque voy al Padre y ustedes ya no podrán verme; y en cuanto al juicio, porque el príncipe de este mundo ya ha sido juzgado. (Juan 16:7-11)

> **¿Cuántas verdades habla el Espíritu Santo al Hombre de Paz antes que tú llegues? Subraya las verdades que Él reveló en los pasajes anteriores.**

¿Subrayaste tres? Tú serás la segunda persona, no la primera, para comentar el pecado, la rectitud y la justicia. Puedes estar seguro que el Espíritu Santo ya ha estado revelando estos asuntos a los incrédulos. Jesús enseñó:

Yo te aseguro que quien no nazca de agua y del Espíritu, no puede entrar en el reino de Dios —respondió Jesús (Juan 3:5).

La palabra «convicto» significa «traer luz, exponerse». El Espíritu Santo debe venir y hablar antes que una persona llegue a ser cristiana.

¿Hay alguien por quien Él nunca te ha llamado? ¡No! Dios no está deseando que alguien perezca, así que el Espíritu viene a todos los hombres (2 Pedro 3:9).

Otro ejemplo de un «hombre de paz»

La información de Felipe y un eunuco de Etiopía es otro ejemplo clásico de la manera en que la gente está preparada para que tú vayas a ellos. El eunuco había recorrido una larga distancia en busca de la presencia de Dios. Él tuvo que viajar desde el norte de África, pero la religión judía nunca lo había recibido porque él era un eunuco, y ser capaz de procrear era un requisito para los prosélitos.

Él andaba buscando la verdad, leyendo la historia del siervo sufriente en Isaías 53. Tristemente, él tenía que regresar a su casa sin haber encontrado el descanso para su alma que había venido a recibir desde tan lejos.

El Espíritu Santo, que había estado obrando en su vida, sabía que él nunca encontraría la salvación si regresaba al paganismo de la corte de la Reina Candace. Como en el caso de Pedro y Cornelio, las Escrituras nos dicen que un ángel del Señor apareció y le dio instrucciones a Felipe. La actividad sobrenatural de Dios vuelve a ser la fuente del encuentro entre estos dos hombres.

Felipe podría haberse sentido como un tonto caminando por un camino polvoriento, excepto por una cosa: sabía que Dios lo había enviado. Él no sabía por qué estaba allí cuando llegó. La obediencia al llamado del Espíritu siempre precede al ministerio.

Cuando el etíope apareció, venía leyendo con diligencia un valioso rollo de Isaías escrito a mano. Este no era un pequeño documento, tampoco era un asunto barato. Aferrado a la esperanza, él estaba buscando descubrir lo que enseñaba el escrito.

Descubrirás, entre aquellos llamados «Hombre de Paz», a alguien que ya comenzó a leer las Escrituras. En su búsqueda, muchos resultan víctimas de los cultos que se enfocan en ser «expertos» en lo que enseña la Biblia (junto a otros de sus libros falsos). Los materiales que hacen estudios investigativos de la Biblia te asistirán al ayudar a estos buscadores.

Así que Felipe abordó el coche que rodaba y rodaba, alejándose cada vez más de su casa. Ningún inconveniente para regresar le impediría tener este «estudio investigativo de la Biblia» con el eunuco.

La historia concluye cuando el eunuco confiesa su fe, es bautizado por inmersión en un río al lado del camino, y luego sigue su camino regocijándose.

Nota el impacto en Felipe

Lo próximo que escuchamos de Felipe es que fue a evangelizar a la zona desatendida de Samaria, y sus hijas se le unieron en este ministerio. ¡Cuidado! Cuando el Cristo dentro de ti se convierte en Mediador a través de tu vida y tú descubres que tienes una sociedad con el Espíritu Santo, todo tu futuro puede cambiar. Esto es algo maravilloso que le sucede a los cristianos obedientes.

Un día, tal vez más pronto de lo que te imaginas, el Espíritu Santo te puede llamar a servir en una capacidad mayor. Después que hayas cosechado a tu primer «Hombre de Paz», Él te moverá al mundo de aquellos que parecen rechazar a Cristo.

RECORDATORIO

Tú y tu compañero/a deben dedicar un tiempo a informar al grupo celular los contactos que están haciendo. Busca el apoyo de la oración. Si hay algún «Hombre de Paz» en los *oikos* que ustedes visitan, consigue sus nombres.

Semana 3, Día 5
Esta unidad: Nuestro mediador
Hoy: Repasa el diagrama de Juan 3:16

Lee Efesios 2:8-9; Filipenses 3:4-9; 2:5-11

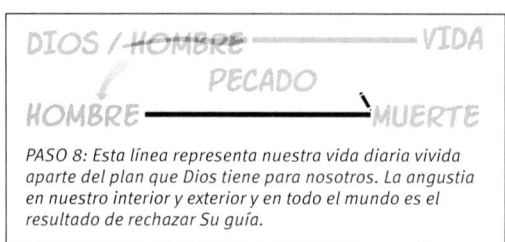

PASO 8: Esta línea representa nuestra vida diaria vivida aparte del plan que Dios tiene para nosotros. La angustia en nuestro interior y exterior y en todo el mundo es el resultado de rechazar Su guía.

Efesios 2:8-9 documenta lo anterior. Escribe debajo un comentario que quizá hagas al explicar cómo el hombre siempre está tratando de agregar mérito a su vida:

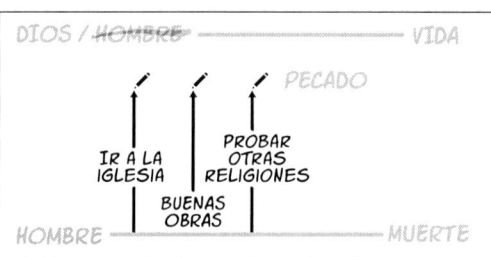

PASO 9: Luego de saber que algo anda mal, tratamos de regresar a Dios sin devolverle la propiedad de nuestra vida. Vamos a la iglesia para procurar volver a Él. Creemos que hacer buenas cosas nos puede ayudar. Hasta probamos otras religiones o cultos. ¡Nada funciona! Insistimos tercamente en controlar nuestra vida.

Medita en las palabras de Pablo en Filipenses 3:4-9. ¿Cómo podrías parafrasearlas agregando los tres elementos que se muestran en el diagrama?

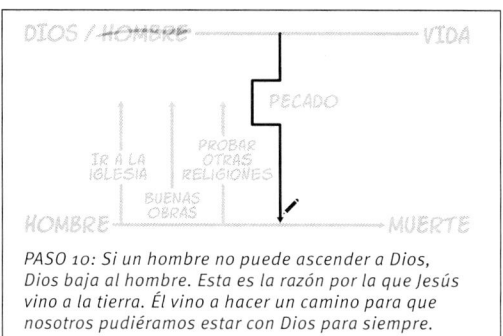

PASO 10: Si un hombre no puede ascender a Dios, Dios baja al hombre. Esta es la razón por la que Jesús vino a la tierra. Él vino a hacer un camino para que nosotros pudiéramos estar con Dios para siempre.

Piensa en esta gran verdad. Cristo vino para redimirnos. Medita en Filipenses 2:5-11. ¿Qué te inspira el Espíritu Santo a hacer para comentar con los incrédulos «Tipo A» acerca de la venida de Cristo a la tierra?

_____

_____

_____

_____

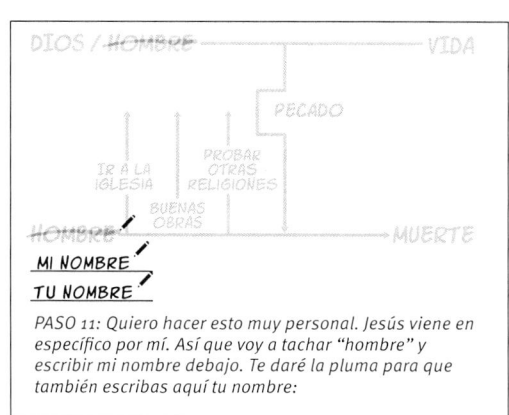

PASO 11: Quiero hacer esto muy personal. Jesús viene en específico por mí. Así que voy a tachar "hombre" y escribir mi nombre debajo. Te daré la pluma para que también escribas aquí tu nombre:

Muchas veces perdemos la aplicación de una verdad al no presentarla de manera personal. Ahora puede parecer tonto escribir los nombres como se muestra en la gráfica anterior, pero no volverás a pensar más de esa manera luego de hacerlo varias veces con un incrédulo «Tipo A».

Es importante que mientras expliques esta parte del diagrama, tú tengas una fuerte advertencia de la unción del Espíritu Santo sobre ti. Cristo estará presente mientras tú escribes los nombres.

Semana 4, día 1
Esta unidad: Nuestro motivo
Hoy: ¿Por qué tú vas?

Lee 2 Timoteo 1:8-13

De acuerdo con el diccionario, un motivo es «lo que determina la elección o lo que mueve la voluntad». Esta semana vamos a pensar en tus motivos para tocar al perdido con tu vida. ¿Durante cuánto tiempo usarás lo que has estado aprendiendo?

Desde 1950, muchos subgrupos en el mundo cristiano han ofrecido capacitación para alcanzar a los perdidos. Se han escrito muchos libros acerca de cómo evangelizar. Sin embargo, menos del 5% de estos en la iglesia tradicional nunca pensaron alcanzar a los incrédulos. Hace años escribí un libro titulado «Objetivo del grupo de evangelismo». Se vendió poco y no se reimprimió. Así que mi casa de publicaciones dijo: «Su *título* mató el libro. Los cristianos no compran libros sobre evangelismo. De haber dejado fuera esa palara del título, habría tenido muchos lectores».

Una historia verídica...

Una vez hablé en una iglesia en Suffolk, Virginia, acerca de la prioridad de alcanzar a los perdidos. Una señora me pidió una reunión privada en su casa. Entré a una majestuosa mansión con los muebles más finos de Chippendale y su sirvienta me sirvió té. La dama se paró detrás de una ventana que daba a la calle y dijo: «Nací en esta casa y aquí crié a mis tres hijas. Ahora vivo sola». Muy emocionada me dijo: «De acuerdo a lo que sé, ninguna de las personas que viven en estas casas que me rodean han ido a la iglesia jamás. Yo tuve el cuidado de ayudar a mis hijas a venir a Cristo, pero nunca le he hablado a otra persona en este mundo sobre su necesidad espiritual. ¡Estoy tan avergonzada! ¿Será demasiado tarde para que yo trate de alcanzar a quienes han vivido al lado mío durante todos estos años?»

¿Qué motivos tienes tú para alcanzar a los perdidos?

La iglesia bautista *Faith Community* [Comunidad de fe] en Singapore tiene 10,000 asistentes. Una encuesta reveló que cerca del 65% de los miembros del grupo celular ahora guían a otros a Cristo. En 1996, 1,800 de estos miembros de célula fueron a otras naciones a pasar un mes trabajando en iglesias con células, cubriendo sus propios gastos en equipos de evangelismo. Esto revela la gran prioridad que dan a alcanzar a los perdidos.

Los 80,000 miembros de las células de *Eglise Protestante Baptiste Oeuvres Et Mission* en Abidjan, en la Costa de Marfil, están tan motivados a alcanzar a los perdidos que sus grupos de células se multiplican cada cuatro meses.

Tú eres parte del movimiento de célula de la iglesia que se ha esparcido a través del mundo y es el segmento de crecimiento más rápido de la iglesia actual. Los miembros de la célula, para quienes alcanzar a los perdidos es una alta prioridad, están viendo conversiones con regularidad a medida que ellos los alcanzan. Ya es hora de que tú decidas si vas a unirte a ellos como un siervo de Cristo que hará su prioridad el alcanzar a los perdidos por el resto de su vida.

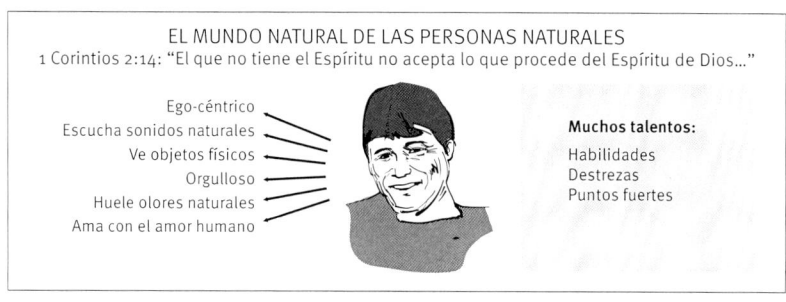

EL MUNDO NATURAL DE LAS PERSONAS NATURALES
1 Corintios 2:14: "El que no tiene el Espíritu no acepta lo que procede del Espíritu de Dios..."

Ego-céntrico
Escucha sonidos naturales
Ve objetos físicos
Orgulloso
Huele olores naturales
Ama con el amor humano

Muchos talentos:
Habilidades
Destrezas
Puntos fuertes

EL MUNDO ESPIRITUAL PARA PERSONAS ESPIRITUALES
1 Corintios 2:15: "En cambio, el que es espiritual lo juzga todo..."

Está lleno de compasión
Escucha sonidos espirituales
Ve verdades espirituales
Tiene audacia espiritual
Siente cosas del Espíritu
Ama con el amor de Cristo

Muchos dones:
Servir   Discierne
Dar   espíritus
Fe   verdaderos
Profecía   /falsos
Hablar   Enseñanza
  sabiamente Etc.

¿Por qué vamos?

Siempre hay «Hombres de Paz» a nuestro alrededor. Jesús sentía carga por los discípulos ciegos que no podían ver «los campos para la siega» y a menudo los llevaba a donde pudieran conocer vidas necesitadas. En Samaria no podían ver a la gente que buscaba a Jesús, así que demostró Su presencia ministrando a la mujer en el pozo. Él les dijo: «Yo tengo un alimento que ustedes no conocen» (Juan 4:32).

Al completar esta cuarta semana de tu peregrinaje para alcanzar a los incrédulos «Tipo A», considera la tarea de Dios para que cada uno de Sus hijos traiga a Él a los inalcanzados. Permite que las palabras de Pablo vayan contigo cuando termines la Guía de Crecimiento Diaria:

> *Así que no te avergüences de dar testimonio de nuestro Señor, ni tampoco de mí, que por su causa soy prisionero. Al contrario, tú también, con el poder de Dios, debes soportar sufrimientos por el evangelio. Pues Dios nos salvó y nos llamó a una vida santa, no por nuestras propias obras, sino por su propia determinación y gracia. Nos concedió este favor en Cristo Jesús antes del comienzo del tiempo; y ahora lo ha revelado con la venida de nuestro Salvador Cristo Jesús, quien destruyó la muerte y sacó a la luz la vida incorruptible mediante el evangelio. De este evangelio he sido yo designado heraldo, apóstol y maestro. Por ese motivo padezco estos sufrimientos. Pero no me avergüenzo, porque sé en quién he creído, y estoy seguro de que tiene poder para guardar hasta aquel día lo que le he confiado. Con fe y amor en Cristo Jesús, sigue el ejemplo de la sana doctrina que de mí aprendiste. (2 Timoteo 1:8-13)*

¿Está el Señor en estos momentos colocando en tu mente el nombre de un incrédulo? Si es así, escribe su nombre aquí:

Semana 4, día 2
Esta unidad: Nuestro motivo
Hoy: ¿Por qué fue Jesús?

Lee Juan 4:34-37; 18:37; 2 Pedro 3:9

Motivo: «lo que determina la elección o mueve la voluntad». Cuando vivimos de acuerdo a las normas de este mundo, decidimos libremente hacer lo que nos place. Cuando reconocemos que Cristo mora en nosotros, buscando hacer Su obra por medio de nuestras vidas, debemos ofrecerle a Él las partes de nuestro cuerpo como «instrumentos de injusticia» (Romanos 6:13). Su elección debe ser nuestra elección.

¿Qué motivó la elección de Jesús? ¿Por qué vino a la tierra? ¿Qué le motivó emplear tiempo con borrachines y pecadores? ¿Qué causó que Él pasara noches en oración cuando lloró sobre Jerusalén?

¿Qué le motivó a Él? Cualquier cosa que fuera Su motivación, lo trajo del cielo a la tierra. Considera Filipenses 2:6-8:

Quien, siendo por naturaleza Dios, no consideró el ser igual a Dios como algo a qué aferrarse. Por el contrario, se rebajó voluntariamente, tomando la naturaleza de siervo y haciéndose semejante a los seres humanos. Y al manifestarse como hombre, se humilló a sí mismo y se hizo obediente hasta la muerte, ¡y muerte de cruz!

En el siguiente pasaje las palabras de Jesús expresan cuál es el motivo de Jesús para venir a nosotros:

—¡Así que eres rey!, le dijo Pilato. «Eres tú quien dice que soy rey. Yo para esto nací, y para esto vine al mundo: para dar testimonio de la verdad» (Juan 18:37).

Piensa mientras lees estas palabras hoy: ¡*este mismo Cristo vive en ti!* Sus motivos hoy son idénticos a lo que fueron cuando Él moraba en el cuerpo que el Padre y María le dieron, pero ahora Él mora en ti.

Él ve el desorden sórdido que la gente hace de sus vidas. Él ve a la esposa golpeada y al joven drogadicto. Él ve la avaricia de los agentes de gobierno que roban del público de la misma manera que los recaudadores de impuestos robaban en los tiempos de Jesús. Él ve a los pobres, los oprimidos, los poseídos de demonios, los prisioneros de hoy. ¿Cuál es su actitud hacia ellos?

El Señor no tarda en cumplir su promesa, según entienden algunos la tardanza. Más bien, él tiene paciencia con ustedes, porque no quiere que nadie perezca sino que todos se arrepientan (2 Pedro 3:9).

Pregúntate a ti mismo: Si Cristo viviera en tu familia, hiciera las obligaciones que tú haces todos los días, encarara las mismas luchas que tú tienes, ¿cómo sería Él? ¿Cómo usaría Él Su tiempo?

Él hace todas las cosas, Él vive en ti. ¿Cuán profundamente le permitimos que Sus motivos reemplacen los nuestros? Es interesante que Cristo tuviera palabras de juicio e ira contra los líderes religiosos de Sus días, pero solo palabras de compasión para las personas cuyas vidas eran un desastre. Él dijo a la prostituta: «Ve, y no peques más». Le dijo a la mujer en el pozo: «Tú te has divorciado cinco veces y ahora vives con otro hombre», Él le dijo al intrigante y deshonesto recolector de los impuestos: «Zaqueo ...tengo que quedarme hoy en tu casa» (Lucas 19:5).

Una y otra vez vemos que a Jesús lo motivaba el amor por aquellos que Satanás engañaba, cuyas vidas estaban llenas de miseria. Su piedad por los caídos nunca causó que Él los condenara. Jesús reservó su condenación para los fariseos y los líderes religiosos orgullosos. ¡Este es el Cristo que vive en tí!

Una historia verídica...

Hace muchos años leí un libro titulado *The Witness* [El Testigo] por Urie Bender.* Hablaba de la gran necesidad de cristianos que se involucren en las vidas de los incrédulos. Yo estaba tan impresionado con esto que me comuniqué con su publicador, lo localicé y volé a Michigan para visitarlo.

Urie había sido un líder denominacional de alto nivel entre los Menonitas. Por causa de su ministerio viajaba por toda la tierra, pero sentía que realmente no estaba viviendo como vivía Jesús. Renunció a su trabajo y fue a una factoría en Indiana que fabricaba casas móviles. Le explicó al director del personal que sus credenciales se debían obviar, y que él solo quería que lo nombraran como un obrero en la línea del ensamblaje. También pidió que no se rebelara a nadie su identidad anterior.

Día tras día trabajaba en esa factoría al lado de hombres y mujeres malditos, llenos de lujuria. Él oraba diariamente: «Cristo que estás en mí, dime cómo Tú tocarías a esta gente». Luego de almorzar con ellos, trabajar a su lado y escuchar sus problemas, gradualmente Urie comenzó a ver un cambio radical en la actitud de ellos hacia él. Una mujer, embarazada con un hijo ilegítimo pidió su consejo. Un hombre alcohólico de mediana edad le pidió que lo animara. Uno por uno, las personas en la línea de ensamblaje se sintieron impactados por su vida.

El Cristo dentro de él se había liberado por completo para revelarse a sí mismo, y esto dio por resultado una factoría cambiada. La experiencia motivó a Bender a usar una pequeña herencia para comprar un motel cerca al pequeño pueblo donde él tendría tiempo para orar, escribir libros y ministrar a otros.

Mientras ustedes leían los pensamientos de hoy, ¿cuáles fueron tus ideas? ¿Qué revisiones mayores y menores de tu estilo de vida te está llamando Dios a hacer de manera que Él pueda estar más libre para colocarte en el camino de buscadores que Él desea conocer y redimir?

_____

_____

_____

_____

_____

_____

Semana 4, día 3
Esta unidad: Nuestro motivo
Hoy: ¿Por qué fue Pablo?

Lee Hechos 20:21-24 y 2 Timoteo 4:5-8

Saulo de Tarso se quedó totalmente ciego durante su experiencia de conversión. Cuando por fin cayeron las escamas de sus ojos, vio el mundo de una manera radicalmente diferente. En sus cartas personales a los compañeros de trabajo nunca les mencionó los panoramas que se debían ver al visitar una ciudad, o el mejor lugar para conseguir pescado frito. Él no hablaba de las cosas que comúnmente comentan los viajeros. Sus únicos pensamientos eran las almas de los hombres. Él había perdido su vida para volverla a encontrar.

Los motivos de Pablo forman una larga porción de sus escritos. Él nos da su apasionada apelación en Hechos 20:21:

A judíos y a griegos les he instado a convertirse a Dios y a creer en nuestro Señor Jesús.

El Espíritu Santo siempre guió su conducta. Pablo pasaba mucho tiempo buscando dirección para su vida y ministerio. Al leer sus escritos, una y otra vez él se refiere brevemente a la manera en que siguió las instrucciones del Espíritu.

Y ahora tengan en cuenta que voy a Jerusalén obligado por el Espíritu, sin saber lo que allí me espera. Lo único que sé es que en todas las ciudades el Espíritu Santo me asegura que me esperan prisiones y sufrimientos. Sin embargo, considero que mi vida carece de valor para mí mismo, con tal de que termine mi carrera y lleve a cabo el servicio que me ha encomendado el Señor Jesús, que es el de dar testimonio del evangelio de la gracia de Dios (Hechos 20:22-24).

Las religiones establecidas trataron a Pablo de la misma forma que ellos trataron a Jesús, persiguiéndolo a dondequiera que iba. Sufrió la peor de sus golpizas y hasta lo apedrearon.

Al igual que Jesús, Pablo pasaba su tiempo entre la gente que vivía en tinieblas. Hizo carpas para relacionarse con personas en la nueva ciudad. Buscó a los oprimidos en Éfeso e hizo tantas conversiones que declaró en quiebra a la industria de ídolos manufacturados. ¿Qué lo motivó?

El encuentro de Pablo con Jesús sacudió sus valores hasta los tuétanos. Después de ir a reuniones de grupos celulares en casas de Jerusalén y arrastrar a los adultos a la cárcel mientras los hijos observaban aterrados, Pablo observó cómo apedreaban a Esteban hasta matarlo, como él mandó. Mientras que su cara reflejaba el brillo del cielo, Esteban le pedía a Dios que perdonara a sus asesinos.

Pablo tenía una clara comprensión de lo que él era capaz de hacer en su propia carne. ¡Le molestaba mucho! Sentía como si tuviera punzadas en su carne. Le herían los recuerdos de la violencia y la muerte que él le hizo sufrir a otros. Cuando conoció a Cristo, hubo una completa limpieza de su alma.

Motivado por su nueva relación con el Señor, él nos dio su filosofía de la vida en Gálatas 2:20:

He sido crucificado con Cristo, y ya no vivo yo sino que Cristo vive en mí. Lo que ahora vivo en el cuerpo, lo vivo por la fe en el Hijo de Dios, quien me amó y dio su vida por mí.

A medida que leas la filosofía de la vida de Pablo como se expresó antes, sería de mucho valor para ti hacer el ejercicio de escribir abajo tu presente filosofía de la vida. Cuando lo hagas, contrástala con la de Pablo. Pregúntate, ¿quiero vivir con mi presente filosofía de la vida durante el resto de mis días?

_____

_____

_____

_____

_____

_____

Repaso de Pablo sobre su vida

Luego de pasar una vida sirviendo al Señor como un plantador de iglesias celulares a través de Asia Menor, por fin arrestaron a Pablo y lo mandaron a Roma. Allí vivió con arresto domiciliario. Sus reflexiones durante unas horas antes que lo mataran quemándolo vivo nos dan una perspectiva de los motivos de su vida:

Yo, por mi parte, ya estoy a punto de ser ofrecido como un sacrificio, y el tiempo de mi partida ha llegado. He peleado la buena batalla, he terminado la carrera, me he mantenido en la fe. Por lo demás me espera la corona de justicia que el Señor, el juez justo, me otorgará en aquel día; y no sólo a mí, sino también a todos los que con amor hayan esperado su venida (2 Timoteo 4:5-8).

Aquí hay una lápida sepulcral. Si fuera de Pablo, es probable que se leyera: *He peleado la buena batalla.* **Imagínate que fuera tuya, ¿qué te gustaría escribir en esta?**

Semana 4, día 4
Esta unidad: Nuestro motivo
Hoy: ¿A quién revelamos?

Lee Gálatas 2:20

Un famoso cristiano chino, Watchman Nee, dijo que cuando él reconoció que estaba en Cristo, se llenó de gran gozo. Pero siguió diciendo, cuando supo que Cristo estaba en él, se entusiasmó tanto que corrió por las calles de su villa gritando: «¡Cristo vive en mí, Cristo vive en mí!»

Alcanzar a los incrédulos «Tipo A» es sencillamente un asunto de acercarse lo suficiente a ellos para que el Cristo en ti se revele. Hay muchas maneras de que Él hable por medio de nosotros, el problema es que nuestro estilo de vida egocéntrico lo aísla a Él de las personas que le gustaría conocer, sanar y liberar.

Nuestra motivación para vivir debiera ser servir como un «sistema de envío» de Cristo, trayéndolo a lugares donde Él disfrutará conocer a la gente que ama. Como ya hemos aprendido, el Espíritu Santo nos ha precedido, trayéndonos convicción en cuanto al pecado, rectitud y justicia. El Padre se ha revelado a sí mismo mediante la creación que Él ha hecho (Romanos 1). El Hijo vino a la tierra a expiar por todos nuestros pecados. La pieza que falta y que impide una gran cosecha está donde llevamos estos cuerpos nuestros que es donde habita Su maravillosa presencia.

Una historia procedente de la China

Los trenes en China tienen unos compartimentos estrechos donde la gente se sienta frente a frente con una mesa en el medio de ellos. Una día un cristiano entró al tren y se sentó frente a un extraño.

Cuando el tren salió de la estación, el extraño sacó una botella de una bebida fuerte y un juego de barajas. «Este será un viaje de treinta horas. Vamos a emplear el tiempo tomando y jugando».

De manera cortés, el cristiano se inclinó ante él y dijo: «Ah, cuánto lo siento, señor. No lo puedo acompañar. Mire, yo no traigo mis *manos*».

El hombre lo miró sorprendido y confuso. Las manos del cristiano estaban claramente visibles. Después de un momento, el cristiano continuó: «Oh, usted ve estas manos y, claro, cree que me pertenecen, pero no es así. Mire, hace un tiempo reconocí que yo le había robado mi vida a su dueño correcto. Yo admití que Dios tiene el derecho de poseerme. Yo procuré y procuré llegar a Él, pero nada de lo que hacía me ayudaba a lograrlo, entonces descubrí que durante todo el tiempo que yo lo estuve buscando, ya Él me había buscado a mí. Él envió a Su Hijo Jesús a esta tierra y llevó mi vida robada a una cruz. Allí Él murió como mi sustituto, pagando la penalidad por el robo de mi vida. Cuando yo descubrí esto, dije: 'Jesús, toma mi vida. Yo te la doy para que tú la controles'. Desde ese día hasta aquí, estas manos le han pertenecido a Él. Ellas hacen el trabajo de Él, y ya yo no tengo derecho de hacer con ellas lo que se me antoje. Y Él nunca deseó que yo las usara para jugar o tomar. Así que como ve, estoy muy inútil. Por favor, señor, perdóneme. No tengo mis manos conmigo».

La primera motivación de la vida cristiana

¿Por qué debemos decidir, de una vez y por todas, que nosotros nos ofreceremos como un sacrificio vivo a Cristo? Porque solo Él puede satisfacer nuestro deseo de vivir una existencia significativa, una que tendrá un significado eterno.

Desde luego, debemos tener una profunda motivación para ver a los incrédulos uniéndose a nosotros en la familia de Dios. Y, por supuesto, deseamos el aumento del reino de Dios y que nuestro grupo celular se multiplique una y otra vez a medida que recogemos la cosecha.

Pero esto es secundario al valor básico del cristiano: conocer a Dios y disfrutarlo para siempre. Esto, como un teólogo escribió hace muchos años, es «la meta principal del hombre».

Una historia verídica...

Jorge se crió en una familia polaca. Como él dice: «Ser polaco es ser un católico». Creció en la iglesia, asistía fielmente con su papá y mamá. Él explica: «Toda mi vida me dijeron que Dios no me podría amar hasta que yo fuera merecedor de Su amor. Me guiaron a creer que yo no le gustaba a Él por causa de todos mis pecados y nunca me aceptaría en el cielo hasta que yo llegara a ser lo suficientemente bueno para pararme ante Él».

Tal vez tú hayas vivido con este mismo sistema de creencia. ¿También te has sentido indigno, que Dios nunca usa a una persona con tus «verrugas y espinillas» espirituales?

En Londres, Jorge se hizo contador y conoció a un cristiano que trabajaba para él. Con mucha bondad, este hombre vivía la vida de un creyente comprometido. Él nunca empujó ni presionó el mensaje de Cristo. Gradualmente, la relación se profundizó y Jorge comenzó a hacer preguntas. Su amigo le dio una pequeña Biblia que él tiró en su maleta. Pasaron unas semanas, Jorge pensó: «Soy una persona mala agradecida, este hombre fue muy amable y me dio este libro. Por lo menos, yo debo leerlo».

Comenzó a leer en Mateo, Hechos y Romanos. Más adelante, al comentar la vida de Jesús con su amigo, estaba sobrecogido con una maravillosa verdad: Dios lo amaba como él era.

Él describió esta experiencia de conversión: «Allí estaba yo, en un tren local en Londres, con personas a mi alrededor. Me senté solo, pensando en esta gran verdad. Dios me amaba exactamente como yo era, tanto que Él dio a Su único Hijo para llevarme a Él. Comencé a llorar en silencio, las lágrimas me corrían por las mejillas. Fue un momento maravilloso de mi nuevo nacimiento».

Todo este proceso que estás aprendiendo sucedió en la vida real.

Jorge llegó a ser un «Hombre de Paz», una parte del campo listo para la siega. Dios colocó a un creyente en su camino, que con cuidado le reveló el Cristo que moraba en él. Siguieron comentarios para un estudio de investigación de la Biblia, y por fin ese poderoso momento en la cruz, lo cual sucedió en un tren local. Es mi oración que hoy, al terminar este material, tú digas: «Señor, vuélvelo a hacer».

Semana 4, día 5
Esta unidad: Nuestro motivo
Hoy: Repaso del diagrama Juan 3:16

Lee 2 Corintios 6:2

¿Qué palabras serían apropiadas para decir aquí?

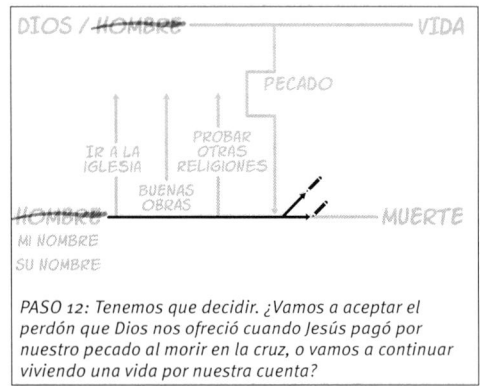

PASO 12: Tenemos que decidir. ¿Vamos a aceptar el perdón que Dios nos ofreció cuando Jesús pagó por nuestro pecado al morir en la cruz, o vamos a continuar viviendo una vida por nuestra cuenta?

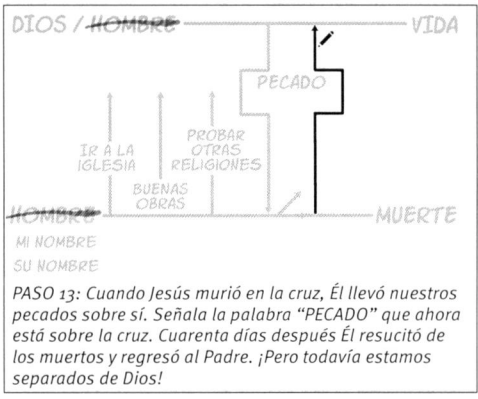

PASO 13: Cuando Jesús murió en la cruz, Él llevó nuestros pecados sobre sí. Señala la palabra "PECADO" que ahora está sobre la cruz. Cuarenta días después Él resucitó de los muertos y regresó al Padre. ¡Pero todavía estamos separados de Dios!

Medita en 2 Corintios 6:2 a medida que examines estos paneles para los Pasos 12 y 13. ¿Cómo puedes personalizar lo que vas a decir cuando expliques estas verdades?

_____

_____

_____

_____

_____

_____

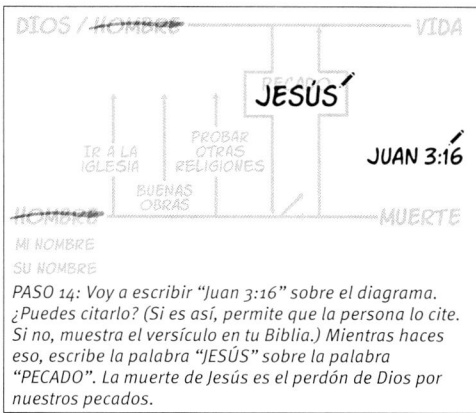

PASO 14: Voy a escribir "Juan 3:16" sobre el diagrama. ¿Puedes citarlo? (Si es así, permite que la persona lo cite. Si no, muestra el versículo en tu Biblia.) Mientras haces eso, escribe la palabra "JESÚS" sobre la palabra "PECADO". La muerte de Jesús es el perdón de Dios por nuestros pecados.

Es una buena idea tener y llevar siempre un pequeño Nuevo Testamento tamaño bolsillo para leérselo a un incrédulo. Puedes devolverlo cuando vayas al Paso 14. Si el incrédulo no puede citar el versículo, escucha mientras él lo lee en voz alta.

¿Qué puntos señalarás a medida que escribes la palabra «Jesús» sobre la palabra «Pecado»? Ahora explica que Él se convirtió en nuestro sustituto, tomando nuestro pecado y al mismo tiempo dando Su vida por nosotros.

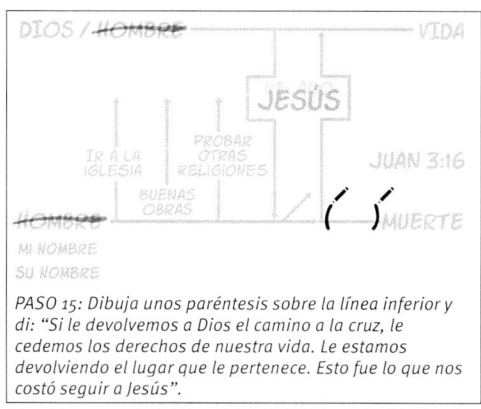

PASO 15: Dibuja unos paréntesis sobre la línea inferior y di: "Si le devolvemos a Dios el camino a la cruz, le cedemos los derechos de nuestra vida. Le estamos devolviendo el lugar que le pertenece. Esto fue lo que nos costó seguir a Jesús".

Aquí, tú no solo estás ofreciendo «una póliza de seguro para la vida eterna». Tú estás diciendo: «Desde ahora en adelante, este compromiso significa que tú estás invitando a Jesucristo a convertirse en tu maestro». Esto debe hacer un poderoso impacto en la persona. Convertirse en un *hijo* de Dios es, al mismo tiempo, convertirse en un *siervo* de Dios. Declarar a Cristo como el Señor no es un «segundo paso» en la vida cristiana. Es el primer paso. Antes de pedir al incrédulo que ore, habla de esto mediante un diálogo juntos.

Semana 5, día 1
Esta unidad: Nuestro ministerio
Hoy: Estudios bíblicos investigativos

Lee Hebreos 11:6

Una historia verídica...

Él era un estudiante en la Universidad de Singapore cuando un nuevo amigo le preguntó acerca de sus creencias religiosas. «Soy un libre pensador», dijo él. «No creo que haya una religión que valga la pena. Estoy aquí para hacer una fortuna y disfrutar la vida».

Este mismo hombre ahora es un Pastor de Zona en la iglesia bautista Faith Community. ¿Qué le sucedió? ¿Cómo encontró a Cristo?

«Mi amigo no trató de discutir conmigo. Por el contrario, se convirtió en un verdadero compañero. Estudiábamos juntos, jugábamos squash juntos e íbamos juntos a acampar. Su vida me impactó verdaderamente. Lo respeto».

Después, este cristiano le dijo: «¿No sería terrible que fuera cierta esta verdad acerca de Dios y que tú nunca la descubrieras? Un ateo es alguien que dice '¡No hay Dios!' Pero un agnóstico dice: 'No sé si hay un Dios'. Un agnóstico honesto estará dispuesto a hacer otras investigaciones acerca de Dios. Creo que ahí es donde tú estás. ¿No es cierto?»

«Creo que sí», dijo el pensador libre. «¿Qué estás pensando?»

Durante las siguientes semanas los dos hombres se encontraron para hacer un estudio bíblico y examinar sus enseñanzas acerca de Dios. «Al principio, yo estaba haciendo el estudio

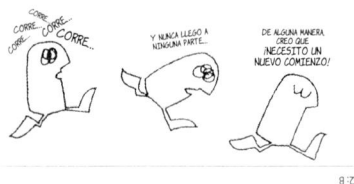

> ### Guía de Estudio 12:
> ### Esa preciosa sangre
>
> Una mujer comenzó a engañar a su esposo. Cuando se mudaron a otra ciudad ella volvió a ser fiel a él. No pudo perdonarse a sí misma por lo que había hecho. En los meses siguientes ella desarrolló muchos problemas físicos. Los médicos sugirieron que sus enfermedades eran producto de sus conflictos internos. Ella no pudo llegar al punto de admitir a alguien lo que había hecho. Al pasar de los años, terminó postrada en cama.
>
> 12-1 Sus problemas físicos ocurrieron porque ella era incapaz de p_____ a sí misma.
>
> Un hombre cometió asesinato mientras estaba tomado. Pasó cinco años en prisión. Pagó su deuda a la sociedad. Veinte años después dijo: «Mi estancia en la prisión no fue lo suficientemente larga para sentirme perdonado. Todavía me siento culpable por lo que hice. ¡Pienso que nunca más me sentiré libre!»
>
> 12-2 ¿Cuál era su problema? (✓ en tu respuesta)
> - A. Su sentencia a prisión fue demasiado breve
> - B. No se pudo perdonar a sí mismo por su crimen
> - C. Tenía miedo de hacerlo de nuevo
>
> 12-1: perdonarse 12-2: B

para ser amable con mi amigo. Pero, de manera gradual comencé a reconocer que había todo un aspecto de verdades que yo no conocía. Después de la sexta semana, comencé a buscar de verdad a Dios. Luego de comprender la muerte del Hijo de Dios, supe que nunca abandonaría a Cristo ni lo volvería a rechazar».

Utiliza los estudios investigativos acerca de la Biblia en el nivel 2

Si fuera necesario, repasa las sencillas instrucciones de las páginas 31-32 de este libro, las cuales explican el procedimiento. El consejo que se da allí es el resultado de muchas experiencias que otros han tenido al dirigir estudios investigativos acerca de la Biblia con creyentes que andan buscando.

Aquí hay algunos consejos que te ayudarán:

1. ¿Posee el incrédulo una Biblia? Si es así, pregúntale de dónde viene. Tal vez tenga un valor sentimental. Por ejemplo, un incrédulo «Tipo A» dijo: «Yo poseo una Biblia que era de mi abuela. Me la dieron en su funeral». Las páginas estaban gastadas por el uso. Dios permitió que cayera en las manos de un nieto que sería un eslabón de fe. Honra el uso de esta Biblia al estudiar juntos.

2. Si el incrédulo no tiene una Biblia, compra una de calidad y preséntasela como un regalo. Escribe una breve nota en la página de presentación con tu nombre y la fecha. Haz que esto sea un eslabón entre tu fe y el corazón de tu amigo.

3. Mira la página reducida a la izquierda. Nota que los espacios en blanco se han llenado y se marcó el cuadrado apropiado. La persona retiene un 60% más al interactuar físicamente con las preguntas en el material. Por lo tanto, tú debes presentar a tu amigo una copia fresca del *Manual para una vida exitosa*, pero antes llena tu copia durante tu estudio personal de los materiales. Explica el valor de escribir en las respuestas.

4. No pases por alto las figuras. Mientras que el estudio de la Biblia provee el conocimiento que falta, cada figura ofrece una manera de comentar los sentimientos interiores del incrédulo. Por ejemplo, al referirte a la que se muestra en la página 78, tú puedes decir: «Yo me cuento entre aquellos que se sienten como la figura de este personaje. Yo siempre andaba corriendo, pero no tenía propósito en mi vida. ¿Alguna vez te sentiste así?» La conversación resultante puede sacar a relucir nuevos aspectos para que tú los comentes.

Antes de pasar la página, escribe lo que el Espíritu Santo te ha estado diciendo acerca de un amigo que necesita que tú le ofrezcas este estudio investigativo de la Biblia:

Nombre de la persona: _____

Qué haré ahora: _____

_____

_____

_____

_____

_____

Semana 5, día 2
Esta unidad: Nuestro ministerio
Hoy: Manejar las excusas, 1

Lee Mateo 20:25-28

Al terminar la presentación de Juan 3:16, algunas personas pueden responder con excusas para no aceptar a Cristo como su Salvador y Señor. Saber por adelantado cómo tratar con ellos te ayudará a ser más eficiente en tu ministerio de la cosecha.

Antes de leer el material de hoy, repasa las páginas 29-30: «CÓMO MANEJAR LAS EXCUSAS».

Primero, vamos a considerar algunas maneras que *no* funcionarán al manejar las excusas. Estas son el «Método ping-pong» y el «Gran método del debate». El cristiano que los usa no fluye con el amor de Cristo, buscando, por el contrario, vencer.

Acerca del método «ping-pong»...

Al usar este método, tú comienzas a intercambiar respuestas acerca de la excusa: tu respondes la excusa, la persona contesta su respuesta, tu respondes esa respuesta ... hasta que alguien deja caer la pelota. Luego hay un momento de vergüenza mutua.

Hasta usar las Escrituras para contestar una excusa puede incorporarse como una parte del método «ping-pong». Esto tendrá poco efecto sin la obra convencedora del Espíritu Santo.

Acerca del método «gran debate».

Este método enfrenta la proeza intelectual de una persona en contra de la otra. La excusa lleva al cristiano a citar fuentes y usar la lógica para vencer a la otra persona. En lugar de responder de manera positiva, el que da la excusa saca provecho hasta de otras fuentes, usa una lógica «mejor» y el debate continúa. Por desdicha, no hay un jurado para decidir quién tiene el mejor caso. La situación se deteriora, surge la hostilidad, y se destruye la oportunidad de intercambiar ideas en el futuro.

Evita este método a toda costa. Nunca se intentó contestar las excusas. Estas son una forma amable de decir: «No, gracias». El hacedor de excusas se avergüenza cuando la otra persona no es lo suficientemente lista para reconocer esto, y sigue insistiendo en que la excusa no es satisfactoria.

Ejemplo:

Un día un vecino le pidió a un campesino que le prestara un rastrillo. Él contestó: «No puedo. Voy al pueblo. Su esposa escuchó la respuesta. Después que el vecino se fue, ella dijo: «Eso fue tonto. ¿Cómo puedes usar el rastrillo si vas al pueblo?» Él contestó con una sonrisa: «Cuando tú no quieres prestar tu rastrillo, cualquier excusa vale».

Evita estos dos primeros métodos

Tal vez tú triunfes en la discusión, pero nunca alcanzarás al incrédulo para nuestro Señor. Hay una mejor manera. Es la manera del «siervo cristiano» (Mateo 20:25-28).

Respeta la dignidad de la otra persona, y habla de forma tal que sea sensible a la actividad del Espíritu Santo.

Vamos a ver esto.

La única manera sensible de manejar las excusas es no contestarlas. En su lugar, busca determinar el verdadero asunto que incita la excusa.

Ejemplos:

Excusa: «No entiendo la Biblia lo suficiente para tomar una decisión como esta. Quiero más tiempo para estudiar antes de tomar una decisión».

Respuesta: «¿Te ayudaría decirme qué te impedía leer la Biblia en el pasado?»

Excusa: «Esto es realmente interesante, pero quiero estar solo cuando hago esto...»

Respuesta: «¿Me puedes decir por qué estar solo/a cuando haces esto es importante para ti?»

¡Sondea! ¡Haz preguntas!

Busca descubrir las bases que hay por debajo de este camuflaje.

Cinco principios para sondear

1. DELIBERA — NO DISCUTAS
   Cuando se da una excusa, sondea haciendo una pregunta en lugar de dar una contradicción: «¿Cuándo comenzaste a sentirte así?»
2. SÉ TIERNO — NO TRAUMÁTICO
   Tu espíritu gentil será fundamental para que el Espíritu Santo ministre las profundas necesidades en esta vida. Tener un espíritu discutidor provocará la defensa en la otra persona.
3. CONVERSA — NO CONFRONTES
   Evita la confrontación. Estudia las formas tácticas que Jesús utilizó en Su conversación con la mujer en Samaria, según Juan 4:1-26.
4. RESPETA — NO RECHACES
   La persona perdida a menudo siente que su falta de fe evita que la acepten los que tienen fe. Si tu amigo siente que tú te consideras «mejor» o «superior» porque te has convertido en un cristiano, tu ministerio estará perdido. Si tú muestras respeto y tratas a la otra persona como alguien que tiene un infinito valor, a ti te brindarán el mismo respeto.
5. AMOR — AMOR — AMOR
   «Si me pudieras cortar en cientos de pedazos, cada uno clamaría: '¡Te quiero!' ¡Te quiero! ¡Te quiero!'» Estas palabras, dichas por un cristiano a un drogadicto esgrimiendo una larga navaja de resorte, causaron que un incrédulo aceptara a Jesús.

Semana 5, día 3
Esta unidad: Nuestro ministerio
Hoy: Manejar las excusas, 2

Lee Lucas 14:16-24

UNA HISTORIA VERÍDICA...

Jim tenía 29 años de edad. Él le dijo a un cristiano que le estaba testificando: «Nunca seré un cristiano porque nunca he creído que hay un infierno».

¿Cómo tú responderías?

_____

_____

_____

_____

¿Contestaste la excusa de Jim, o la probaste?

Muchos creyentes buscarán «razonar» con él acerca de la realidad del infierno. Hacer esto es caer en el Gran Debate. No, es necesario sondear. ¿Por qué él hizo esta declaración? De todos los comentarios posibles, ¿por qué escogió el problema del infierno? Hay algo más detrás de su objeción superficial.

Más sobre Jim...

Él amaba y respetaba a su padre que había muerto un año antes. Tanto como Jim podía recordar, su padre, buscando la verdad, había hecho investigaciones en escritos de las religiones del mundo. Antes de morir, su padre le dijo que rechazara todas las religiones y murió sin tener alguna forma de fe.

¡Ajá! El sondeo descubrió el tema subyacente: si Jim adoptaba la creencia cristiana, sentiría que estaba condenando a su padre eternamente, un hombre a quien quería profundamente y cuya muerte todavía lo afligía. Al rechazar el cristianismo, él sentía que estaba «salvando» a su padre de una eterna separación de Dios.

¿Qué se puede hacer para alcanzarlo? Quizá un comentario como este sería apropiado: «Jim, sé que tienes una fuerte aversión hacia el infierno. ¿Sabes que a Dios también le disgustaba incluso más que a nosotros? Vamos a pensar de nuevo en Juan 3:16. Dice que cualquiera que cree en Su hijo _no se perderá, sino que tendrá vida eterna._ ¿No es esto lo que tú deseas para ti, una vida eterna?

Nuestro método es amor, amor, amor.

El principio de nuestro mensaje es «Porque tanto **amó** Dios al mundo...» No hables solo de Su amor, ¡sé Su amor! Muestra este amor al hablar de las excusas. Esto será más poderoso que cualquier respuesta que tú digas.

¿Cómo se manifiesta el amor en sí? Dios nos dio el capítulo especial acerca de esto en 1 Corintios 13. Medita en esto. Vivir de esta manera no solo es difícil para los humanos, es imposible. Por eso Pablo nos recuerda que Cristo es quien vive en nosotros. En Él, este amor puede fluir. Aparte de Él, no puede fluir.

Algunas excusas comunes

1. «SIEMPRE HE SIDO UN CRISTIANO».

   Sondea la fuente de esta excusa: «De acuerdo a tu comprensión, ¿qué debe hacer uno para convertirse en un cristiano?» (Repasa Juan 1:12-13.)

2. «DE NIÑO ME REPUGNARON CON TANTA RELIGIÓN, NO QUIERO NADA MÁS DE ESTO».

   Sondea la fuente de esta excusa: «Creo que resientes a tus padres por haberte forzado a ir a las actividades de la iglesia, ¿verdad?» (Escucha la respuesta.) «¿Qué crees acerca de Dios? ¿Solo estás resentido con tus padres o también estás resentido con Él?» (Ora sobre cómo procederás.)

3. «REALMENTE NO SIENTO UNA NECESIDAD DE HACER ESTO».

   Sondea la fuente de esta excusa: «¿Has tenido alguna relación en el pasado con grupos religiosos que hacen énfasis en que tú tienes que tener un *sentimiento* antes de llegar a ser un cristiano?» (Repasa Juan 1:12-13, señalando que el foco está en *recibir*, no en *sentir*. Si no hay cambios en el espíritu de la persona, duda en cuanto a seguir los comentarios.)

4. «NECESITO ESTUDIAR MÁS LA BIBLIA».

   Sondea la fuente de esta excusa: «Consideraría un honor hacer un breve estudio de la Biblia contigo, usando un folleto especial que se preparó para quienes quieren saber más».

5. «HAY TANTOS HIPÓCRITAS EN LA IGLESIA. NO QUIERO LLEGAR A SER COMO ELLOS».

   Sondea la fuente de esta excusa: «Creo que estás verdaderamente dolido con las personas que van a la iglesia y que no son todo lo que dicen ser. ¿Me puedes contar una de las más significantes para ti?»

Escucha la respuesta con sensibilidad. Tal vez la persona que verbaliza su herida tenga una experiencia profundamente emotiva. Si una conducta hipócrita es realmente la causante de esta excusa, es posible que tú quieras decir:

«A mí también me duele esto. Déjame enseñarte cómo Jesús se sintió en cuanto a los hipócritas. Vamos a leer Mateo 23:13-15. (Léanlo juntos.) ¿Crees que nuestro Señor Jesús tiene poder para capacitarte a ti y a mí para seguirlo sin llegar a ser un hipócrita?»

Repasa estas cinco excusas que se escuchan comúnmente hasta que domines las respuestas. Escribe las palabras que consideres que puedan ser más apropiadas para usar:

_____

_____

_____

_____

_____

Semana 5, día 4
Esta unidad: Nuestro ministerio
Hoy: Respuesta a preguntas sinceras

Lee Juan 3:1-16

Mientras comentas la presentación de Juan 3:16, es posible que te hagan algunas preguntas. A diferencia de las excusas, estas preguntas son pruebas sinceras sobre los aspectos del mensaje cristiano que preocupan al buscador. En la mayoría de los casos, se debe lidiar con estas antes de tomar una decisión. A menudo, la persona ya ha hecho estas preguntas y no ha recibido una respuesta satisfactoria.

Usa el *Método de Sondeo* con las preguntas. Serás mucho más eficiente al dar una respuesta si entiendes *por qué este problema es importante para esa persona*.

De todas las docenas de posibles problemas, ¿qué motivó que esta fuera importante? Por ejemplo, una persona pregunta: «¿Crees que todos los que mueren sin Cristo irán al infierno para siempre?» Antes de responder precipitadamente es importante tener algún trasfondo.

¿Cuál es la experiencia previa que motiva *esta pregunta?* Quizá la persona esté pensando en una madre o un padre que murió sin tener una fe personal. Al aceptar esta enseñanza, tu amigo/a podría condenar eternamente a ese padre o madre.

Lógicamente, sabemos que *lo que creemos* no cambia la verdad, pero no siempre la gente piensa de una manera lógica. Por tanto, es importante saber cuál será el impacto de tu pregunta.

¿Qué respuestas son bíblicas por completo?

Evita respuestas superficiales. Usa las Escrituras para todo lo que digas. Si no puedes hacer esto, simplemente dí: «No estoy preparado para darte la respuesta que tú necesitas. Déjame ahondar un poco, y muy pronto yo estaré hablando contigo sobre eso».

Al revisar las preguntas más comunes de esta lección, subraya cada versículo bíblico. En el margen, escribe una breve descripción de la pregunta que el versículo contesta. Usa un papel al frente o detrás de tu Biblia para hacer una lista de estas excusas y todos los versículos que subrayaste. Después estarás listo para usar tu Biblia.

¿Contestaste la pregunta de una manera satisfactoria?

Si tu respuesta deja a la persona con las cejas arrugadas o unos ojos dudosos, tu respuesta fue inadecuada. Sondea de nuevo. Si necesitas indagar más, hazlo. Conviértete en un verdadero siervo de tu amigo.

Preguntas comunes

¿Por qué Dios permite el sufrimiento?
- **Génesis 3:1-24:** La causa del sufrimiento es el pecado y la rebeldía.
- **Romanos 8:19-22:** La rebelión del hombre causa sufrimiento por todas partes. Toda la tierra gime por causa de esto.
- **Romanos 8:18:** Mientras que el hombre siga rebelándose en contra de Dios, continuará el sufrimiento.
- **2 Corintios 1:3-7:** Dios no nos envía sufrimiento, Él nos da consuelo.

¿Cómo una mente científica puede creer en milagros?

- **Génesis 1:1 y Juan 1:1:** En primer lugar, Dios lo creó todo.
- **Juan 1:3:** El Dios que lo creó todo en primer lugar realmente tiene el poder para suspender cualquier ley natural en cualquier momento.
- **Juan 2:11, 23; 4:54:** Los milagros siempre tienen un propósito espiritual definido. Estos revelan Su presencia y poder.
- La ciencia es una vara para medir leyes naturales. Es incapaz de medir cualquier otra cosa. Por ejemplo, la ciencia no puede medir amor, odio, maldad o bondad. Los procedimientos científicos no pueden medir estas realidades. También es incapaz de medir la suspensión de las leyes naturales. Por lo tanto, un científico debe aceptar las limitaciones de su campo.

¿Cómo puede Dios condenar a quienes nunca han escuchado acerca de Cristo?

- **Romanos 1:18-32:** Los hombres están condenados porque han rechazado la revelación de Dios a través de la creación. Esta revelación es universal. La humanidad, por todas partes, la ha recibido de igual manera.
- **Romanos 10:9-15:** Los hombres no se pierden por no haber escuchado de Cristo. Están perdidos por haber rechazado Su revelación a través de la creación. Los hombres se salvan al escuchar de Cristo. Pero, escuchar de Cristo no significa nada para los hombres que rechazaron la revelación de Dios mediante la creación. Millones han escuchado de Cristo, y están perdidos.
- **Salmo 8:** No se condena a una persona por no haber escuchado el evangelio. Esa persona está condenada por haber rechazado toda la revelación de Dios, traída a través de la creación. Dios ha creado un «libro ilustrado» que tanto el pagano más analfabeto como la persona más educada puede «leer».
- **Hebreos 11:6:** Dios está obligado a revelar a Cristo y Su salvación a cualquier persona que realmente le busque. En Hechos vemos que Él le respondió a Cornelio y al eunuco etíope al enviarles a Pedro y a Felipe.

¿Puedo yo vivir la vida cristiana?

- **Colosenses 1:21:** Esta es una pregunta lógica para un incrédulo. Ha estado «encargada» de su vida y está programada para llevar a cabo sus decisiones. Venir a Cristo es una decisión para dejar que Cristo se encargue de todo.
- **Hebreos 4:10:** Hay un «descanso» que se da de inmediato al nuevo cristiano. Ahora, vivir la vida cristiana depende de Jesús que viene a vivir en nosotros.
- **Juan 14:15:** El mayor gozo de convertirse en cristiano es descubrir la actividad del nuevo Rey, tomar las decisiones. Incluso más, la relación con Él es una de amor, no de obligación.
- **Juan 14:16:** Cuando yo me convierto en Su siervo, Él me da una fuente que yo nunca tuve.
- **Juan 16:13; 2 Corintios 5:17:** Cuando yo, como un siervo, desobedezco, enseguida el Espíritu Santo me lo notifica, y Él también hace que desaparezca la gran atracción de mis antiguos deseos.
- **1 Juan 1:9:** Cada vez que me descubro volviendo a los viejos patrones de mi reino, solo necesito confesar (acordar con Dios) que esto no es apropiado, y que de nuevo se establece Su reino.

**Regresa a estas páginas cuando te hagan estas preguntas.
Asegúrate de marcar estos versículos en tu Biblia y mantén
una lista de los pasajes para cada una de estas preguntas.**

Semana 5, día 5
Esta unidad: Nuestro ministerio
Hoy: Repaso del diagrama Juan 3:16

Lee Hechos 28:31

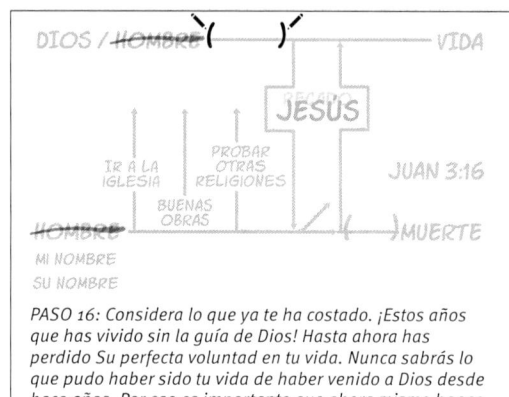

DIOS / ~~HOMBRE~~

VIDA

JESÚS

PROBAR OTRAS RELIGIONES

IR A LA IGLESIA

JUAN 3:16

BUENAS OBRAS

~~HOMBRE~~

MUERTE

MI NOMBRE

SU NOMBRE

PASO 16: Considera lo que ya te ha costado. ¡Estos años que has vivido sin la guía de Dios! Hasta ahora has perdido Su perfecta voluntad en tu vida. Nunca sabrás lo que pudo haber sido tu vida de haber venido a Dios desde hace años. Por eso es importante que ahora mismo hagas estas decisiones.

Al dibujar estos dos paréntesis pregunta con gentileza: «Si hace tres, cinco o diez años que hubieras tomado la decisión de dejar que Cristo dirigiera tu vida, ¿qué pesares no tendrías ahora acerca de tu pasado? Todos nosotros tenemos recuerdos que serían diferentes si solo hubiéramos venido a Cristo más temprano en nuestra vida».

Piensa en tu pasado. Considera en oración qué te habría gustado decir abiertamente acerca de cómo la guía de Cristo hubiera hecho una diferencia en tu pasado. Desde que llegaste a ser un cristiano, ¿hay experiencias que te pesan cuando no permitiste que Él te gobernara como querías? Necesitarás esas ideas cuando hables con un incrédulo «Tipo A». Ahora mismo toma un momento para escribir lo que te gustaría decir:

_____

_____

_____

_____

_____

_____

_____

_____

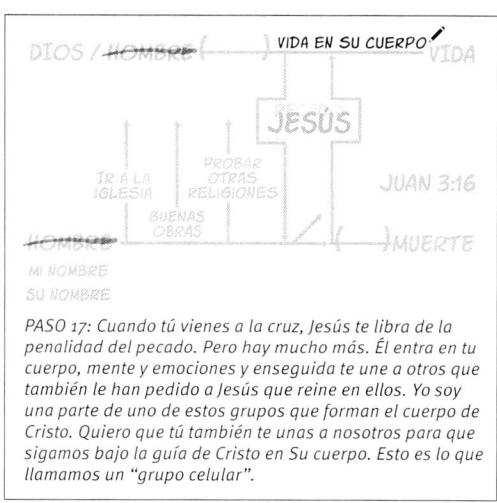

PASO 17: Cuando tú vienes a la cruz, Jesús te libra de la penalidad del pecado. Pero hay mucho más. Él entra en tu cuerpo, mente y emociones y enseguida te une a otros que también le han pedido a Jesús que reine en ellos. Yo soy una parte de uno de estos grupos que forman el cuerpo de Cristo. Quiero que tú también te unas a nosotros para que sigamos bajo la guía de Cristo en Su cuerpo. Esto es lo que llamamos un "grupo celular".

La mayor decepción de Satanás es permitir que una persona acepte a Cristo sin comprensión alguna de que el cuerpo de Jesucristo es parte vital de nuestra salvación del poder del pecado. Tal vez tú seas uno de estos cristianos que durante años pensó en su relación con Cristo como *separada* de Su cuerpo.

El concepto de «iglesia» como un agregado, una opción de la vida cristiana, no es bíblico y de seguro destruirá al nuevo creyente. Piensa en esto: *si el problema ha sido rebelarse en contra del* poderío de Cristo, entonces la vida cristiana incluye Su control total de nuestras actividades.

El primer acto oficial del Espíritu Santo es bautizarnos en el Cuerpo de Jesús. Esto significa estar adherido a la «comunidad cristiana básica», el grupo celular, donde nos podemos edificar unos a otros. Si al incrédulo no se le explica esto con claridad, tú habrás producido otro cristiano que despega su concepto de ser cristiano de la vida en su cuerpo.

Ya consideramos este punto de manera detallada en la Guía de Crecimiento Diario para la Semana dos. Ahora es el momento de pensar cómo dirás estas verdades profundas al presentar el plan de salvación.

Escribe en el siguiente espacio qué dirás:

_____

_____

_____

_____

_____

_____

_____

_____

Comentarios con tu grupo celular

Durante las semanas que estarás buscando incrédulos «Tipo A» con tu compañero, tú debes informar al grupo celular acerca de tu ministerio. En las páginas siguientes verás unas hojas de trabajo que puedes usar para prepararte para el momento de «Hablar de la visión» («Propósito de Cristo»).

No tienes que usarlas en el orden que aparecen. Escoge la que te parezca «correcta» para cada semana. Se anticipa que durante las cinco semanas de este estudio, estos serán los aspectos que vas a querer comentar con tu grupo. Desde luego, puedes cambiar los tópicos si así lo prefieres.

Por qué debes contar esto a tu grupo celular

Tú y tu compañero deben verse como una extensión de tu grupo celular, no independientes. Ellos están intercediendo en oración por tu ministerio y tendrán un vivaz interés en tus actividades.

Cuéntales los asuntos que estás encarando en tu vida como una persona, en tu relación uno del otro como un equipo y con los incrédulos «Tipo A» que estás tocando. Ayúdalos a saber acerca de los contactos oikos que estás haciendo mediante tu vinculación con los incrédulos.

Es posible que de vez en cuando quieras incluir a alguien de tu célula que tenga una afinidad especial con alguien que tú estés ministrando.

Desde luego, la confidencia es importante

A veces, verás que hay una línea fina entre contar las necesidades en las vidas de los incrédulos por el propósito de la intercesión y comentar información que se debe mantener confidencial. Si tienes dudas acerca de algún aspecto que quieras comentar con el grupo, es probable que sea mejor no hablar de esto. Sin embargo, es posible que tengas una o dos personas, incluyendo al líder o aprendiz al líder de la célula, con quienes puedas comentar tus asuntos más personales.

Recuerda el impacto que tendrás en la célula

Los niños pequeños en la célula se beneficiarán mucho al aprender acerca de tu peregrinaje en el ministerio. Este será un modelo poderoso para que ellos copien en los días futuros.

Nombre que nos gustaría mencionar:

_____

_____

_____

_____

_____

_____

Miembros de la familia que necesitan nuestras oraciones:

_____

_____

_____

_____

_____

_____

Circunstancias especiales o fortalezas:

_____

_____

_____

_____

_____

**Necesidades personales que tengo o
que tenemos como un equipo:**

_____

_____

_____

_____

_____

_____

Nombre que nos gustaría mencionar:

_____

_____

_____

_____

_____

Miembros de la familia que necesitan nuestras oraciones:

_____

_____

_____

_____

_____

Circunstancias especiales o fortalezas:

_____

_____

_____

_____

_____

**Necesidades personales que tengo o
que tenemos como un equipo:**

_____

_____

_____

_____

_____

Nombres de aquellos con quienes me estoy reuniendo:

Nombres de aquellos con quienes deseo reunirme:

Circunstancias especiales o fortalezas:

**Necesidades personales que tengo o
que tenemos como un equipo:**

Nombre que nos gustaría mencionar:

_____

_____

_____

_____

_____

Circunstancias en relación a las fortalezas:

_____

_____

_____

_____

_____

Fortalezas que necesitan oración de guerrero:

_____

_____

_____

_____

_____

**Necesidades personales que tengo o
que tenemos como un equipo:**

_____

_____

_____

_____

Fecha / Descripción de la actividad que estamos planeando:

_____

_____

_____

_____

_____

_____

Nombre de quienes estaremos invitando:

_____

_____

_____

_____

_____

_____

Circunstancias especiales que necesitan sus oraciones:

_____

_____

_____

_____

_____

_____

**Necesidades personales que tengo o
que tenemos como un equipo:**

_____

_____

_____

_____

_____

Formulario del Informe

(Duplica cinco copias. Durante la cinco semanas de este curso de preparación el equipo, antes de comenzar las reuniones semanales, debe presentar una copia cada semana al líder de la célula.)

Nombre de los miembros del equipo:

_____

_____

Personas «Tipo A» que conocimos esta semana:

_____

_____

_____

El diagrama de Juan 3:16 se explicó a las siguientes personas:

_____

_____

_____

Peticiones de oración que nos gustaría incluir durante nuestra reunión:

_____

_____

_____

☐ Nos hemos reunido para nuestra reunión de Equipo.

☐ Hemos completado la Guía del Crecimiento Diario para la semana_____

☐ Planeamos reunirnos con personas «Tipo A» el (fecha) __/__/__

Comentarios:

_____

_____

Firmado:

_____

_____

Sin fe es imposible agradar a Dios, ya que cualquiera que se acerca a Dios tiene que creer que él existe y que recompensa a quienes lo buscan.

Así que, mis queridos hermanos, como han obedecido siempre —no sólo en mi presencia sino mucho más ahora en mi ausencia— lleven a cabo su salvación con temor y temblor, pues Dios es quien produce en ustedes tanto el querer como el hacer para que se cumpla su buena voluntad.

Y así como está establecido que los seres humanos mueran una sola vez, y después venga el juicio, también Cristo fue ofrecido en sacrificio una sola vez para quitar los pecados de muchos; y aparecerá por segunda vez, ya no para cargar con pecado alguno, sino para traer salvación a quienes lo esperan.

Dios sabe muy bien que, cuando coman de ese árbol, se les abrirán los ojos y llegarán a ser como Dios, conocedores del bien y del mal.

Porque tanto amó Dios al mundo, que dio a su Hijo unigénito, para que todo el que cree en él no se pierda, sino que tenga vida eterna.

Hebreos 11:6

La oración para alguien que diga «No estoy listo».

«¿Orarías estas palabras y le dirías a
Dios que estás buscándolo?»

Filipenses 2:12-13

La manera en que encontramos libertad del
poder del pecado es mediante Cristo ministrando
en nosotros a través de otra persona.

Hebreos 9:27-28

Refiérete a la salvación de la *penalidad* del pecado y
también a la salvación de la *presencia* del pecado.

Génesis 3:5

Las palabras de Satanás a Eva; la clásica definición
de la fuente de todo pecado: «¡ser como Dios!»

Juan 3:16

El evangelio en pocas palabras.